ANTARA REIMANN

Runenschätze Namenskräfte

Heilsame Runen wirken in deinem Namen

Schirner Verlag

ISBN Printausgabe 978-3-8434-1296-4
ISBN E-Book 978-3-8434-6379-9

Antara Reimann:
Runenschätze – Namenskräfte
Heilsame Runen wirken in
deinem Namen

Umschlag: Murat Karaçay, Schirner,
unter Verwendung von # 482763703
(© Borys Vasylenko), www.shutterstock.com
Layout: Silja Bernspitz, Schirner
Lektorat: Karin Garthaus, Schirner
Printed by: Ren Medien GmbH, Germany

www.schirner.com

2. Auflage Februar 2020

INHALT

VORWORT

Runenkräfte begleiten uns Menschen schon seit vielen Hundert Jahren. Jedes Volk, jeder Stamm, jede Gruppe hatte einen Runenkundigen, der die Kräfte und Schwingungen der Runen fühlen und für die Menschen übersetzen konnte. Sehr lange wurde das Wissen über die Eigenschaften der Runen nur mündlich weitergegeben und dabei der Sprache und Gepflogenheit der jeweiligen Zeit angepasst. Irgendwann wurden diese Informationen schriftlich festgehalten und sollten ab diesem Zeitpunkt verbindlich sein. Doch für mich entstammt alles, was es über Runen zu erfahren gibt, immer der Erfahrung einzelner Menschen. Aus diesen Erfahrungen wurde das, was sich gut und richtig anfühlt, weiter übernommen, sodass man keine allgemeingültigen Aussagen zu dem Thema »Runen« treffen kann. Hier, in diesem Buch, beschreibe ich die Runen und ihre Kräfte so, wie ich sie in meiner mehr als zwanzigjährigen Runenpraxis erlebt habe, und mache ihre Wirkweisen für uns Menschen in der heutigen Zeit zugänglich. Diese Deutungen, diese »Übersetzungen«, mögen sich nicht in allen Bereichen mit den Formulierungen, Sichtweisen und Erfahrungen anderer Runenkundiger decken. Und doch ist es meine Wahrheit, so wie auch Odin seine eigene Wahrheit hatte.

Mir ist es wichtig, die Runenkräfte so zu beschreiben, dass die Menschen des 21. Jahrhunderts diese wieder nähergebracht bekommen. Dass sie verstehen, welch wunderbare Unterstützung für unseren Lebensweg überliefert wurde. Wir leben nicht mehr in Sippen, wir sind keine Wanderer mehr, wir hüten keine Herden, und wir jagen kein Wild mehr selbst. Und doch sind wir alle wie damals mit dem Wesen der Runen verbunden und haben in anderer Form ähnliche Lebenssituationen. Es ist wieder Zeit, diese starken Helfer zurückzubringen. In »Runenschätze – Namenskräfte« gehe ich gezielt auf die Schwingungen und Wirkungen der Runen in unseren Namen ein, denn dies ist das Erste, was uns unsere Vorfahren mitgaben: unsere Namen. Und damit stellten sie uns sehr starke Helfer an unsere Seite.

Ich wünsche allen Lesern, dass sie mit Neugier mehr über sich selbst und die Geschenke ihrer Vorfahren erfahren werden und sich auf eine spannende Reise zu sich selbst einlassen können. Vor allem aber wünsche ich allen viel Klarheit bei der Analyse der verschiedenen Namen und bei dem Vergleich der Lebenswege.

Antara Reimann
April 2017

WAS SIND RUNEN?

Eine kurze Einführung in die Geschichte der Runen

Runen scheinen, rein oberflächlich betrachtet, alte überlieferte Zeichen unserer germanischen Vorfahren zu sein. So lautet zuerst einmal die Kurzdefinition. Runen sind jedoch mehr als nur Zeichen: Sie bergen das alte Wissen um das Geheimnis des Lebens in sich. Runen sind heilsame Schwingungen, die den Kreislauf des Lebens begleiten. Sie schenken dir Rat, und sie lenken deine nächsten Schritte, wenn du bereit bist, dich ihren Kräften zu öffnen. Runen raunen leise. Du musst in die Stille gehen, dann wirst du ihre klare Botschaft empfangen.

Die ältesten Funde werden auf die Anfänge des 1. Jahrhunderts n. Chr. datiert. Das Kerngebiet der Runenzeichen erstreckt sich in Westeuropa von Österreich bzw. der Schweiz über Deutschland und Polen bis hoch in die nordischen Länder und in Richtung Westen bis nach Großbritannien, Irland und Island. Zwar gibt es Spekulationen, die auf den Mittelmeerraum als Ursprung hindeuten, verankert haben sich diese Runenzeichen allerdings erwiesenermaßen nördlich der Alpen.

Runen bergen weise Kräfte und Erfahrungen aus mehr als zweitausend Jahren kulturellen Miteinanders. Heute noch finden wir sie auf alten Steinen, Werkzeugen oder Waffen.

Auffällig ist, dass diese Zeichen keine Rundungen enthalten, was den Rückschluss zulässt, dass es allen Menschen möglich sein sollte, diese Zeichen mit einfachen handwerklichen Mitteln auf einen Gegenstand zu übertragen. Runen waren somit »Alltagskulturgut« und nicht nur gebildeten Schriftkundigen zugänglich. In der Blütezeit der Runen waren nur sehr wenige, gebildete Menschen der Schreibkunst kundig. Für die allgemeine Bevölkerung war es weder üblich noch notwendig, Botschaften schriftlich zu übermitteln. Dies geschah mündlich durch die Weitergabe von Traditionen und Zeremonien oder durch Lieder, in denen von Taten und Ereignissen berichtet wurde. So wurden die Runen im Gegensatz zu anderen Schriftzeichen weltweit nie für ausführliche schriftliche Aufzeichnungen genutzt.

In erster Linie sind Runen Zeichen, die den Kreislauf des Lebens beschreiben. Sie lassen uns erkennen, was für ein zufriedenes und erfülltes Leben wichtig ist, und helfen uns, diese Aspekte zu leben. Alle Runen zusammengenommen ergeben einen Kreis von Neubeginn[1] über Erfüllung bis hin zum erneuten Neubeginn. Jedes einzelne Zeichen, jede Rune symbolisiert eine Kraft, die den Kreis des Lebens bereichert. Durch den überlieferten Glauben an diese Energien wurden die Runenzeichen über die Jahrhunderte hinweg immer mehr mit

---

1 Mehr dazu in den Einzelbeschreibungen der Runen, s. S. 42 ff.

dieser Kraft geladen. Verbinden wir uns mit einer Rune, so rufen wir ihre Energie in unser Leben. Wir können uns auf unserem Weg durchs Leben lehren und leiten sowie von der Schwingung der Runen tragen lassen.

Runen raunen alte Geheimnisse. Die Bezeichnung »Rune« bedeutet in den verschiedenen Sprachen des Runenverbreitungsgebietes überall sinngemäß: »Geheimnis«, »altes Wissen«, »Raunen«, »Flüstern«, »geheimer Rat«. Die Zeichen sind schon sehr früh in ihrer heute noch vorhandenen und angewandten vollständigen Form zu finden. Das Werfen und Deuten der Runen als Orakel begleitete unsere Vorfahren schon seit langer Zeit und stand ihnen als verlässlicher Berater zur Seite. Runen, in Form von unterschiedlichen Runensets, steuerten die Geschicke ganzer Sippen und Stämme. Eines der verbreitetsten Runensets ist dabei das FUTHARK. Der Name FUTHARK entstand aus dem Zusammenschluss der ersten sechs Runen des Kreises, beginnend mit FEHU.[2]

Runen sollten allerdings nicht auf das Orakeln beschränkt werden. Das wäre so, als ob du einen Baum allein im Winter betrachtest. In dieser Form siehst du nur die Struktur der Rinde, den Stamm. Du siehst nicht die Blätter und Früchte, die aus den kahlen Ästen erwachsen. Öffne dich dem Energiefluss jeder einzelnen Rune, verbinde deinen Körper und deinen

2 FUTHARK – FEHU, URUZ, THURISAZ, ANSUZ, RAIDHO, KENAZ, siehe Einzelbeschreibungen, S. 42 ff..

Geist mit ihr, und erlebe, wie ihre Energie positiv und heilsam in deinem Leben wirkt.
Auch wenn die Runen nie in der für uns heute üblichen Weise als Buchstaben benutzt wurden, so hatte jede Rune doch auch eine Verbindung zu einem Buchstaben des Alphabets der in der Region gebräuchlichen Sprache. Weil aber die alten Sprachen, z. B. das Altenglische, mehr als 26 Buchstaben hatten, das heißt, mehr Buchstaben als das klassische ältere FUTHARK (auch ELDER FUTHARK genannt), entstanden in einigen Gegenden FUTHARKs, die z. B. 33 Runen beinhalteten. Das ältere FUTHARK jedoch war am weitesten verbreitet. Es bestand aus 24 Runen, also zwei Buchstaben weniger als unser Alphabet, denn die Paare C und K, J und Y sowie V und W wurden als identische Kräfte betrachtet. Dies ergibt 23 Runen. Zusätzlich kam allerdings eine eigenständige Rune für die Kombination des TH (THURISAZ) hinzu, das nicht im germanischen Alphabet vorkommt. Daraus ergeben sich letztendlich die zuvor erwähnten 24 Runen im älteren FUTHARK. Unabhängig davon, in wie viele Runen der Runenkreis aufgeteilt ist – er stellt immer den Kreis des Lebens mit seinen Einflüssen dar. Somit ist es für die Wirkung der Runen unerheblich, mit welchem Runenkreis wir arbeiten. In diesem Buch wird wegen der vermehrten Verbreitung und des damit verbundenen höheren Bekanntheitsgrads auf das ältere FUTHARK mit den 24 Runen Bezug genommen.

Der Runenkreis bedient drei Bereiche unseres täglichen Lebens. Diese drei Runengruppen, auch Runengeschlechter genannt, werden als Aetts[3] bezeichnet. Jedes Aett ist für einen Bereich unseres Lebens zuständig: »Einflüsse des täglichen Lebens«, »Die Naturgewalten im Außen« und »Der Mensch in seiner Entwicklung, Leben in der Gemeinschaft«. In Bezug auf das ältere FUTHARK ergeben sich dadurch drei Aetts mit je acht Runen, die gemeinsam ein Aett, ein Lebensfeld, bedienen.

Unsere Vorfahren hatten eine sehr tiefe Verbindung zum Schöpfungszyklus und zur Natur. Sie wussten, dass alles ein Geben und Nehmen war und alles einen Ausgleich forderte. Die Runen dienten nur bei besonderen Anlässen und rituellen Handlungen als Schriftzeichen. Nach einer gelungenen Hochzeit, der Geburt eines gesunden Kindes, einer heil überstandenen Schlacht, einer guten Ernte oder vor einer Schlacht, zu Beginn der Ernte oder während einer Krankheit wurden Runensteine, Runenscheiben oder auch Runenstäbe hergestellt und das, worum gebeten oder wofür gedankt wurde, in Runenschrift formuliert und dort eingeritzt. Besondere Ehrungen oder Bekanntmachungen wurden bei eigens dafür ausgebilde-

---

3 »Aett« ist das nordische Wort für »Familie« und zeigt die Zugehörigkeit zu einer der drei Runengeschlechter eines Runensets. Weitere Informationen dazu im Kapitel »Die Runenfamilie – Aetts«, S. 35 ff.

ten Runenkundigen in Auftrag gegeben, damit diese Ankündigungen für alle Zeiten »in Stein gemeißelt« erhalten blieben. Zusätzlich dienten die Runen als Zeichen für Botschaften an die Geistige Welt. Die Kräfte der Runen wurden in das Fachwerk der Häuser eingearbeitet, wodurch der Schutz und der gute Wille der Geistigen Welt erbeten wurde. Für Schutz, Heilung und Unterstützung bei wichtigen Unternehmungen wurden Amulette hergestellt, auf die die unterstützenden Runen entweder eingeritzt oder darauf gemalt worden sind. Die ersten Runenamulette oder Schutzgegenstände waren keine Scheiben, sondern dünne Stäbe, die der Länge nach halbiert wurden. Auf diese Schnittflächen wurde die Rune geritzt. In den Anfängen wurden hierzu zumeist Zweige der europaweit verbreiteten Buche genutzt. Die Buche hilft, das Tor zur Anderswelt zu öffnen und Verbindung zu den Vorfahren herzustellen. Das Holz der Buche ist willig und eignet sich wegen des geraden Wuchses ihrer Äste sehr gut für die Herstellung von Runenscheiben und Runenstäben. Angelehnt an diese Buchenstäbe nennen wir unsere Schriftzeichen heute Buchstaben. Dies soll nur eine kleine Einführung in die Historie der Runen sein und dich neugierig machen, tiefer in die Verbindung zu den Runen einzusteigen. Dieses Buch wird sich auf einen besonderen Aspekt der Runenarbeit konzentrieren: auf den Zauber des eigenen Namens und auf den Einfluss, den die Runenkräfte durch unseren Namen in unser Leben fließen lassen.

WIE MICH DIE RUNEN RIEFEN

Zum ersten Mal kam ich mit den Runen während eines keltisch-germanischen Jahresfestes in der Eifel im Jahre 1995 in Kontakt. Einer der Teilnehmer hatte sein Runensäckchen mitgebracht, und wer mochte, durfte in diesen schon sehr abgegriffenen und offensichtlich häufig benutzten Beutel greifen und sich eine Rune herausnehmen. Damals hatte ich keine Ahnung, was Runen überhaupt sind. Tarotkarten kannte ich und orakelte schon eine Weile damit. Aber Runen waren für mich Neuland. Ich folgte also den Anweisungen des Teilnehmers, bat um die Rune für die nächsten Monate und griff in den Beutel. Heraus nahm ich die Rune FEHU – sie steht für Erfüllung, Geldfluss und Wohlstand. Aber das wusste ich zu diesem Zeitpunkt noch nicht. Ich schaute mich fragend um und erntete ein viel gemurmeltes, lang gezogenes »Ohhh«. Mehr nicht. Ich nahm mir vor, mich zu informieren, und um die Rune nicht zu vergessen, malte ich sie mir auf den Unterarm und schrieb dazu »FEHU«.

Abends saßen wir noch ein wenig in lockerer Runde zusammen, und Roland Scholz, der Organisator und Veranstalter des Festes, fragte mich nach meiner Rune. Ich zeigte sie ihm, und er fing an zu grinsen. Auf meine Nachfrage hin begann er, über FEHU zu erzählen. Ich konnte kaum glauben, welch eine

Veränderung ich in seinem Gesicht, seiner Körperhaltung und seinen Augen sah, während er redete. Dabei erklärte er die Bedeutung der Rune eigentlich nicht mit Worten, sondern er breitete die Schwingung von FEHU um sich herum aus und ließ mich damit in die Welt der Runen eintauchen. Es war, als lauschte ich einem Geschichtenerzähler, der seine Geschichten liebte. Diese einzigartige Atmosphäre, diese Kraft, die sich durch die Runenkraft zeigte, berührte mich tief. Ich bin Roland Scholz noch heute sehr dankbar für das Erlebte, letztlich öffnete er mir die Runenwelt.

Am nächsten Wochenende kaufte ich mir mein erstes Runenset – damals noch die Tonrunen von Ralph Blum mit dem zugehörigen Buch[4].

Wie ich es als damals noch aktiver Büro- und Kopfmensch gewohnt war, studierte ich das Buch und versuchte, die Runen zu verstehen. Ich zog täglich meine Tagesrune und schaute, unter welchem Einfluss mein Tag stand. Zu manchen Zeiten zog ich auch eine Projektrune, die mir zeigen sollte, unter welchem Einfluss das Projekt stand und welche Kräfte ich beachten sollte. So »dümpelten« meine Runenaktivitäten vor sich hin. Immer brav nach den Aussagen von Blums Buch handelnd glaubte ich, die Runen mehr und mehr zu kennen. Immer wieder, wenn ich in Buchläden auf der Suche war, nahm

4 Siehe Quellenhinweis, S. 133.

ich auch das eine oder andere Runenbuch in die Hand und einige davon auch mit nach Hause. Beim Studieren der verschiedenen Bücher merkte ich, wie sich das Schwingungsfeld der einzelnen Runen immer mehr wie das Nildelta vor mir ausbreitete. Meine ursprünglich sehr enge, eingegrenzte Sicht auf die einzelnen Runen wurde immer mehr geweitet. Dabei bemerkte ich aber auch, dass es Formulierungen und Sichtweisen gab, die »nicht meine Sprache waren«. Ich begriff zwar, was da geschrieben stand und welche Ansichten der jeweilige Autor über die verschiedenen Runen vertrat, aber so richtig tief ins Herz drangen mir seine Worte nicht. Ohne es zu merken, hatte ich mich auf den Weg gemacht, die Runen zu erforschen. Es begann damit, dass ich das Geschriebene nicht mit Situationen aus meinem Leben verbinden konnte. Es war für mich, als gehörte das, was da stand, nicht in diese Zeit, in diese Sprache, in diesen Alltag.

Zwischenzeitlich hatte ich mich auch intensiver mit der Anwendung der Runen als Gesamtorakel beschäftigt. Aus meiner Arbeit mit Tarotkarten kannte ich verschiedene Legemethoden und experimentierte damit. Ich wollte wissen, welches Ergebnis sich zeigt, wenn anstelle der Karten Runen genommen werden. Diese Technik machte mir richtig Spaß. Ich empfand die Aussagen der Runen als zielgerichteter, mehr auf den Punkt gebracht.

Ich lernte, die Runen zu werfen – eine der ältesten Arten der Anwendung. Bei einer dieser Runenbefragungen passierte es dann: Während ich an meine Frage dachte und die Runen warf, durchzuckte mich der Gedanke: »Was mache ich hier eigentlich?« Die Tonrunen klatschten aufeinander, und eine Rune brach mittendurch. Es war SOWILO, die Schwingung der Absicht. Sie steht für das In-Einklang-mit-der-Seele-Sein und den Kontakt zum höheren Bewusstsein. Ich war völlig verdattert. Zuerst dachte ich, dass ich den Stein unbedingt wieder zusammenkleben müsse. Doch dann war mir klar: Dieses Runenset ist zerbrochen – »un-ganz«, nicht mehr benutzbar. Meine Verbindung zu den Runen war zerbrochen. Ich fragte mich: »Warum?« Aber eine Antwort darauf hatte ich nicht.

Als meine Freundin von meinem Missgeschick erfuhr, schenkte sie mir zu meinem nächsten Geburtstag einen selbst genähten Beutel mit Kieselsteinen. Sie überreichte ihn mir mit den Worten: »Hier, dein neues Runenset.« Ich schaute mir die Steine an, aber alle waren leer, unbemalt, einfache Steine. Meine Freundin grinste spitzbübisch und meinte: »Na, das Set musst du wohl noch selbst bemalen. Oder glaubst du, ich könnte das für dich? Wird ja langsam Zeit, dass du deine Energie damit verbindest«. Oh, so hatte ich das Missgeschick von letztens noch gar nicht betrachtet. Die Runenkräfte haben mich angestupst, meine eigenen Runen herzustellen.

An einem düsteren Winterwochenende fertigte ich mein neues Runenset an, suchte für jede Rune den richtigen Stein aus und malte die Rune mit zinnoberrotem Lack auf den Stein. Am Ende des Wochenendes, als alles durchgetrocknet war, führte ich ein kleines Weiheritual[5] durch und war stolze Besitzerin eines selbst hergestellten Runensets.
Heute, rückblickend betrachtet, muss ich lächeln, dachte ich damals doch tatsächlich, ich wäre am Ziel und würde die Runen jetzt kennen. Schließlich habe ich ja Steine mit den Symbolen bemalt. Heute weiß ich, wie sanft, liebevoll und verständnisvoll die Runenkräfte mit mir Kontakt aufgenommen haben. Sie haben mich langsam jeden Schritt selbst machen und erkennen lassen, zumindest am Anfang unserer Zusammenarbeit.
Durch die Arbeit mit den Tagesrunen lernte ich immer mehr Facetten kennen, in denen sich die Runen ausprägen können. Ich begann, mir eine Art Runentagebuch anzulegen und mitzuschreiben, was ich während der Begleitung durch einzelne Runen erlebt und über sie herausgefunden habe. Ich erfuhr immer mehr, und nach sechs Jahren Runenbekanntschaft beschloss ich, mich noch intensiver mit ihnen zu beschäftigen. Ich wollte selbst erkennen, wie sich die Runenkräfte im Leben von uns Menschen auswirken, auch wenn wir sie gar nicht

---

5 Die Runen werden dabei nacheinander mit reinigenden Kräutern geräuchert und mit der eigenen Energie verbunden.

aktiv beachten oder sogar rufen. Kann es denn wirklich sein, dass da Kräfte am Werk sind, die uns unterstützen, lenken und lehren, ohne dass wir dies bewusst zuordnen können?
Ich beschloss, ganz von vorn zu beginnen. Als ersten Schritt suchte ich mir einen geeigneten Stock, aus dem ich selbst Runenscheiben schneiden wollte. Ich nahm meine Rassel und bat meine geistige Führung, mich zu dem Stock zu führen, der für mich und meine Arbeit passend sei. Kreuz und quer wurde ich rasselnd durch den Wald geführt, immer in der Erwartung, jetzt gleich meinen Stock zu finden. Irgendwann hatte ich dann das Gefühl, dass das Ganze an diesem speziellen Tag zu keinem sinnvollen Ergebnis führen würde. Der Rasselrhythmus veränderte sich zu keiner Zeit, und ich bekam auch keinen eindeutigen Impuls. Also entschied ich mich dazu, meine Suche abzubrechen und zurückzukehren. Zu Hause angekommen sah ich ihn, meinen Runenstock. Schon vor Wochen hatte ich ihn nach einem meiner regelmäßigen Besuche meiner Bank am Waldrand mitgebracht, ohne damals zu wissen, warum. Er gefiel mir einfach – ein gerader Stecken vom Haselnussstrauch, damals frisch geschnitten von den Waldarbeitern. Ich grinste, denn ähnliche Erfahrungen hatte ich schon vorher mit meiner geistigen Führung gemacht. Im Grunde war dieser Waldspaziergang nicht notwendig gewesen, aber meiner Gesundheit tat er gut. So sind sie eben, meine geistigen Helfer.

Mit meiner Kappsäge schnitt ich 30 kleine Scheiben aus diesem Stock, ein paar mehr als nötig, aber sicher ist sicher. Mit Schmirgelpapier und Muskelkraft bearbeitete ich stundenlang die Schnittflächen des Holzes, bis sie ganz glatt waren. Sie fühlten sich anschließend sehr sinnlich und fein an. Meine Ausgleichsgabe für diese wunderschönen Runenscheiben war ein mehrere Tage andauernder Muskelkater in den Fingern und Armen. Gute Arbeit, ein Geben und Nehmen.
Der Anfang war gemacht.
Jetzt begann die eigentliche Arbeit mit den Runenkräften. Über 24 Mondmonate hinweg führte ich jeden Monat zu Neumond mein kleines Erwecke-die-Runenkraft-in-dir-Ritual durch, bei dem immer eine einzelne Rune im Fokus stand. Am nächsten Neumond war dann wieder eine andere an der Reihe, bis der Kreis rund war. Mit einem Brenneisen brannte ich die jeweilige Rune in das Holz. Ohne ihre Bedeutung nachzulesen, trug ich sie die nächsten 28 Tage lang ununterbrochen bei mir. Nachts legte ich sie in meinen Kopfkissenbezug. Jeden Abend reflektierte ich den vergangenen Tag. Wie war die Nacht? Was hatte ich geträumt? Wie hat der Tag sich angefühlt? Was hat sich ereignet? Wie habe ich mich dabei gefühlt? Wie fühle ich mich jetzt am Abend? Ich notierte mir jede neue Erfahrung. Am Ende des Mondmonats, nach 28 Tagen, las ich mir noch einmal meine Notizen durch und glich sie mit den Runenbeschreibungen in den verschiedenen Büchern ab. In

manchen Monaten konnte ich erst durch die Reflexion und in Kombination mit den verschiedenen Beschreibungen den Sinn hinter den Ereignissen erkennen und dieses Wissen begreifen. Und immer wieder erklärte mir die Rune die Qualität des Monats, für den ich sie als Begleiter eingeladen hatte. Sie hatte mich in meinem Mondzyklus begleitet, und ohne es zu wissen, hatte ich mich darauf eingelassen. Am Ende war mein wirklich eigenes Runenset fertig – der Kreis war geschlossen. Die Runen wurden zu meinen Verbündeten. Wenn ich nun neue Projekte beginne, ziehe ich die unterstützenden und beratenden Runen hinzu. Für mich sind die Runen keine einfachen Holzscheiben. Sie sind für mich Energiewesen und -kräfte, die echte Helfer sind, wenn man sie einlädt.

DIE SCHWINGUNG DES NAMENS

Im Frühjahr 2010 startete ich die schamanische Weiterbildung »Call of the Shaman« des Bridget Healing Centre[6] in Glastonbury, Südengland. Teil dieser Weiterbildung war die Intonierung und Körperarbeit mit den Runen. Neben vielen anderen Aspekten der Runenarbeit »übersetzen« wir unseren eigenen Namen in die Runenkräfte, und ich stellte fest, wie stark mein Leben durch meinen Namen gelenkt wurde. Wir lernten verschiedene »power words«[7] kennen, die ihre Kräfte aus dem Zusammenschluss verschiedener Runen erhalten. Diese »power words« waren sehr alt und wurden über alle Generationen hinweg bis in die heutige Zeit weitergereicht. Durch den Glauben der Menschen und deren Anwendung wurden sie dabei immer mehr aufgeladen.

Während der Ausbildung stellte ich mir selbst verschiedene Runenstäbe mit »power words« oder Einzelrunen her und konnte ihre Kraft und Unterstützung in verschiedenen Heilbehandlungen erfahren. Durch meine eigene schamanische Arbeit bekam ich mehr und mehr diese heilsame und unter-

---

6 www.bridgethealingcentre.co.uk

7 Überlieferte »Wörter« aus der alten Zeit, die durch magisch arbeitende Menschen zur Anrufung der helfenden Kräfte intoniert bzw. im immer wiederkehrenden Rhythmus ausgesprochen werden, um die Energie aufzubauen.

stützende Kraft der Runen in ihren Anwendungsmöglichkeiten zu spüren. Das Mysterium der Runenkräfte und seine Auswirkungen zeigten sich immer häufiger in meinem täglichen Leben. Irgendwann erhielt ich aus der Geistigen Welt die Botschaft, dass auch mein eigener Name als ein »power word« mit eigener Schwingung und eigener Qualität angesehen werden kann. Ich begann zu erfassen, wie die Runen ihre Kraft und Inspiration verbreiten. Immer wenn ich den Namen »Antara« als den meinigen anerkenne, verstärkt sich diese Schwingung in meiner Aura und in meinem Energiefeld. Und gerade, als mein EGO sich darüber zu freuen begann, welch ein besonderes Wesen ich doch sei, erklärte mir meine geistige Führung, dass dies für alle Lebewesen gelten würde. Ich erkannte: Nomen est omen (= Der Name ist ein Zeichen).

Nomen est omen

Dein Name, ein Zeichen deiner Persönlichkeit

Der eigene Name ist etwas Besonderes. In ihm sind viele Kräfte verwoben. Durch die jahrhundertealte Überlieferung des Namens und dem, was die Menschen mit ihm verbinden, bekam jeder Name eine ganz eigene Bedeutung mit einer einzigartigen Schwingung. Selbst wenn ein Name in unterschiedlichen Sprachen die gleiche Bedeutung hat, variieren die Wege, wie das Potenzial des Namens ausgelebt wird. Begründet liegt dies in den unterschiedlichen Runen, aus denen der Name in der anderen Sprache zusammengesetzt ist, z. B. bei John und Johannes/Hans. Jeder Buchstabe deines Namens bringt eine andere Rune in dein Leben. Nichts geschieht von ungefähr, und auch wenn der Name eines Neugeborenen auf den ersten Blick nur nach Klang, Mode, Familientradition oder eigenem Gefallen ausgewählt wurde, so ist es meist Fügung, also Führung der Seele, welcher Name von den Eltern oder Verwandten ausgewählt wurde. Meist ganz unbewusst wurden dir durch ihn Hilfsenergien zur Seite gestellt, die dich auf deinem Lebensweg unterstützen werden.

In einigen indianischen Kulturen ist es üblich, den Namen zu ändern, wenn besondere Entwicklungsstufen erfolgreich durchlaufen wurden. Auch in unserem Kulturkreis gibt es Veränderungen im Leben, die durch die Änderung des Namens dokumentiert werden, z. B. beim Eintritt in einen Orden oder in eine neue Glaubensgemeinschaft. Der Mensch hat sich verändert, und die Schwingung des Namens ist nicht mehr stimmig. In unserem Kulturkreis war es lange Zeit üblich, bei einer Hochzeit den Nachnamen zu ändern. Auch dies lädt neue Kräfte ins Leben ein.

Dein ganzer Name ist ein Abbild dessen, was dich in deinem Leben leiten kann. Oft werden jedoch Namen gekürzt, Doppelnamen halbiert oder gar komplett durch Kosenamen ersetzt. Das, was dir in deinem Leben zur Seite stehen könnte,

wird »verleugnet« (wenn auch unwissentlich) oder nur beschränkt angenommen. Durch die Kürzung oder Veränderung beschneidest du dein eigentliches Potenzial. Und doch spiegelt auch das alles deine aktuelle Situation wider.
Schauen wir uns den Aufbau eines Namens einmal genauer an. Dafür wird er in drei Bereiche geteilt:

- Der erste, linke Teil zeigt, aus welchen Kräften die Energie, der Antrieb genommen wird, der Schwung ins Leben bringt.
- Der zweite Teil, die Mitte eines Namens, bestehend aus dem mittleren bzw. den beiden mittleren Buchstaben stellt die Lebensachse, die Schwungradnabe dar. In den weiteren Beispielen wird sie kursiv dargestellt.
- Der dritte, rechte Teil zeigt, wie der Schwung aus dem linken Teil in die Welt gebracht wird und wie er für Ausgleich und Balance im Leben sorgt.

Beispiel: Monika (Mo *ni* ka)

Mo = Lebensantrieb
ni = Lebensachse, Schwungradnabe
ka = Qualitäten, mit denen die aufgebaute Energie ins Leben gebracht wird

Stelle dir vor, dein Name wäre ein Propeller, der dir Kraft und Antrieb liefert, sobald er mit Energie gespeist wird. Jeder Propeller dreht sich nur so lange effektiv und laufruhig, wie die Mittelachse stabil ist. Die Energie für dein Lebensfeld liefern dir die Runen, die durch die Buchstaben deines Namens in dein Leben gerufen werden. Anhand der nachfolgenden Beispiele wirst du erkennen, welche Runenkräfte durch welche Buchstaben aktiviert werden und wie sich Änderungen im Namen im Leben auswirken.

In den Beispielen werden bei der Interpretation der einzelnen Buchstaben im Namen der Übersicht halber nur die Haupteigenschaften der entsprechenden Rune aufgeführt. Tiefer gehende Informationen über jede einzelne Rune findest du in den Einzelbeschreibungen auf S. 42 ff.

DEIN NAME UND DIE RUNEN

Bevor du erfährst, welche Kräfte in deinem Namen wirken, möchte ich dir noch ein paar weitere Ergänzungen mit auf den Weg geben. Schaue dir das Formular auf der nächsten Seite an, es erleichtert dir das Verständnis der nachfolgenden Erklärungen. Als Beispielname wird uns dabei »Claudia« begleiten. Anhand des Namens wird schnell verständlich, wie die Runen im Namen wirken.

Auf der linken Seite im Formular siehst du das, was ich den Energiepropeller deines Lebens nenne. Wenn alle Aspekte deines Lebens in Harmonie miteinander arbeiten, dann liefert dieses Gebilde ausreichend Energie für alles, was zu deinem Leben gehört. Der Kreis zwischen den Flügeln ist die Lebensachse, auch Nabe genannt.

Buchstabe	Rune		Aett	Oberbegriff der Runenschwingung
C	Kenaz	ᚲ	1	Aufmerksamkeit mit Klarheit
L	Laguz	ᛚ	3	mit dem Fluss des Lebens fließen
A	Ansuz	ᚨ	1	Kommunikation, Inspiration
U	Uruz	ᚢ	1	Sicherheit, Erdung
D	Dagaz	ᛞ	3	Erleuchtung, höheres Wissen
I	Isa	ᛁ	2	im Moment sein
A	Ansuz	ᚨ	1	Kommunikation, Inspiration

Die Lebensachse (Energiemittelpunkt, Dreh- und Angelpunkt)

Der mittlere Buchstabe bzw. die beiden mittleren Buchstaben des Namens gelten als Achse, als Mittelpunkt, sie stehen für das Thema, um das sich das Rad des Lebens dreht. Wenn dieser Bereich in Harmonie ist, bekommen alle anderen Runenkräfte ausreichend Energie, die sie dir weiter als Lebenskraft zur Verfügung stellen. Bei unserem Beispielnamen »Claudia« (siehe Formular auf S. 26) ist es die Rune URUZ. Claudias Hauptaugenmerk sollte also auf einer guten Erdung und bewussten Basis liegen. Schaut man sich die Verteilung der Aetts[8] in ihrem Namen an, findet man auch da eine große Anzahl an Runen, die im ersten Aett, im Bereich »Einflüsse des täglichen Lebens« wirken. Auf einem gesunden Fundament kann man gut aufbauen, und wenn die Rune der Lebensachse beachtet wird, werden sich alle weiteren Aspekte sicher entwickeln können.[9]

8 Erklärung siehe »Die Runenfamilien – Aetts« auf S. 35 ff.

9 Die Erläuterungen zu den weiteren Buchstaben von »Claudia« finden sich in den Einzelbeschreibungen auf S. 41 ff.

Besonderheiten bei der Namensdeutung/ besondere Buchstaben

Umlaute

Umlaute sind eine Eigenart der deutschen Sprache und kommen in keiner anderen Sprache vor. Es gibt keine Runen für diese Laute. Aus diesem Grund werden die Umlaute in die beiden Buchstaben aufgespalten, aus denen sie zusammengesetzt sind.

Ä = ae	ANSUZ, EHWAZ	ᚨᛖ	Kommunikation, heilsame Beziehungen
Ö = oe	OTHALA, EHWAZ	ᛟᛖ	Erbe, Ahnen, altes Wissen, heilsame Beziehungen
Ü = ue	URUZ, EHWAZ	ᚢᛖ	Sicherheit, Erdung, heilsame Beziehungen

Bei Umlauten gehen zwei Kräfte eine Verbindung ein, die gleichberechtigt wirken.

SCH: Das SCH in der im deutschen Sprachraum genutzten Form ist in der Runensprache nicht vorgesehen. Es setzt sich aus den Buchstaben SOWILO und KENAZ zusammen mit einem stillen HAGALAZ.

Weitere Sonderbuchstaben:

Ch	KENAZ	ᚲᚻ	Absicht mit Klarheit, HAGALAZ als stille Rune
X = KS	KENAZ, SOWILO	ᚲᛋ	Aufmerksamkeit mit Klarheit, Intention im Einklang mit der Seele
Ei	EIHWAZ	ᛇ	Einweihung
NG	INGWAZ	ᛜ	Urvertrauen, kosmische Gebärmutter
PH	FEHU	ᚠ	Erfüllung, Geldfluss (wenn F gesprochen)
TH	THURISAZ	ᚦ	Aktion/grenzenlose Energie

Doppelnamen

Hast du zwei Vornamen, schaue dir zuerst den Namen an, mit dem du in der Öffentlichkeit auftrittst. Der zweite Vorname wirkt wie die stillen Runen ergänzend im Hintergrund. Wird dein Doppelname mit einem Bindestrich zu einem Namen verbunden, gilt dieser Name als EIN Name. Schaue, welche Kräfte du ausgeladen hast, wenn du nur einen Teil deines Namens nennst, was sehr oft vorkommt.

Nachnamen

Nachnamen spielen nur in den Lebensbereichen eine Rolle, in denen sie aktiv verwendet werden, z. B. im Beruf. Aufgrund völlig unterschiedlicher Energien beim Vor- und Nachnamen kann es vorkommen, dass du ein sehr unterschiedliches Privat- und Berufsleben führst, weil in beiden Bereichen andere Strukturen wirken. Schaue dir später einmal beide Bereiche unter diesen Gesichtspunkten im Vergleich an.

Sprache oder Schrift als Analyse?

In das Formular wird dein Name so eingetragen, wie du ihn schreibst. Die Buchstaben, die ausgesprochen werden, stehen im Vordergrund, und deren Runen wirken bereits aktiv mit. Buchstaben, die nicht ausgesprochen werden, wie das hintere »e« von Claudette, sind stille Runen im Hintergrund.

Stille Rune im Hintergrund

Es mögen in deinem Namen Buchstaben vorkommen, die nicht ausgesprochen werden. Diese Runen sind »stille« Runen. Sie wirken mit, aber im Hintergrund. Sie sind die stille Reserve, die helfende Hand im Rücken. Die Ausnahme von dieser Regelung ist das stille H im TH. Diese Buchstabenkombination wird wie EIN Buchstabe gesehen und nicht wie die Umlaute auseinandergenommen. Das TH wird durch die Rune THURISAZ (Aktion, grenzenlose Energie) bedient.

Jetzt hast du alle Informationen, um deinen eigenen Namen zu analysieren, und wir schauen uns in der Praxis an, wie du deinen Namen anhand der Runen aufschlüsseln kannst. Es geht dabei zunächst um den Namen, mit dem du dich bisher immer vorgestellt hast und der dich bis hierhin gut begleitet hat. Es ist jetzt Zeit, diesen Namen und seine Qualität näher kennenzulernen.
Auf der nächsten Seite findest du ein leeres Formular. Fülle es so aus wie beim Namensbeispiel »Claudia« auf S. 26. Du kannst es auch kopieren oder auf ein leeres Blatt übertragen. Trage zuerst die Buchstaben deines Namens in das Formular ein. Beginne mit dem mittleren Buchstaben, und schreibe ihn neben die Lebensachse. Hat dein Name eine gerade Anzahl an Buchstaben, sind die beiden mittleren Buchstaben entscheidend, welche Runenkräfte dir als Lebensachse dienen. Sie arbeiten zusammen. Trage dann beide Buchstaben in die Zeile rechts neben der Lebensachse ein. Fahre fort, die Buchstaben vor und nach dem mittleren bzw. den mittleren Buchstaben deines Namens in die Zeilen einzutragen.
Im Formular findest du weiterhin die Spalten »Rune«, »Aett« und »Oberbegriff der Runenschwingung«. Suche dir in den nachfolgenden Erklärungen deine entsprechenden Informationen heraus, und übertrage sie auf dein Formular.

Buchstabe	Rune	Aett	Oberbegriff der Runenschwingung

DIE BUCHSTABEN UND IHRE RUNEN

A	ANSUZ	ᚨ	1. Aett	Kommunikation
B	BERKANA	ᛒ	3. Aett	Nahrung, Geburt neuer Ideen, Selbstliebe
C	KENAZ	ᚲ	1. Aett	Aufmerksamkeit mit Klarheit
D	DAGAZ	ᛞ	3. Aett	Erleuchtung, höheres Wissen, Kommunikation mit der höchsten Quelle und Anbindung an diese
E	EHWAZ	ᛖ	3. Aett	heilsame Beziehungen
Ei	EIHWAZ	ᛇ	2. Aett	Einweihung
F	FEHU	ᚠ	1. Aett	Erfüllung, Geldfluss
G	GEBO	ᚷ	1. Aett	ausgeglichenes Geben und Nehmen, Einheit
H	HAGALAZ	ᚺ	2. Aett	plötzliche Veränderung durch Verlust (von außen kommend)
I	ISA	ᛁ	2. Aett	im Moment sein, Stillstand, Fokussierung auf einen Punkt
J	JERA	ᛃ	2. Aett	natürliche Rhythmen und Zyklen
K	KENAZ	ᚲ	1. Aett	Aufmerksamkeit mit Klarheit
L	LAGUZ	ᛚ	3. Aett	mit dem Fluss des Lebens fließen
M	MANNAZ	ᛗ	3. Aett	Wahrnehmung; Bewusstsein dessen, was zu tun ist

N	NAUDHIZ	ᚾ	2. Aett	Not, Hilfe in der Not
NG	INGWAZ	ᛜ	3. Aett	Urvertrauen, kosmische Gebärmutter
O	OTHALA	ᛟ	3. Aett	Ahnenkraft; ererbter, unbeweglicher Besitz
P	PERTHRO	ᛈ	2. Aett	Chance, Wahl
PH	FEHU	ᚠ	1. Aett	Erfüllung, Geldfluss
R	RAIDHO	ᚱ	1. Aett	richtige Aktion zur rechten Zeit, Verantwortung
S	SOWILO	ᛋ	2. Aett	Intention, Absicht im Einklang mit der Seele
T	TIWAZ	ᛏ	3. Aett	Zusage, Verbindlichkeit, Verlässlichkeit
TH	THURISAZ	ᚦ	1. Aett	Aktion, grenzenlose Energie
U	URUZ	ᚢ	1. Aett	Sicherheit, Erdung
V, W	WUNJO	ᚹ	1. Aett	Ekstase, Freude
X	KENAZ	ᚲ	1. Aett	Aufmerksamkeit mit Klarheit
	SOWILO	ᛋ	2. Aett	Intention, Absicht im Einklang mit der Seele
Y	JERA	ᛃ	2. Aett	natürliche Rhythmen und Zyklen
Z	ALGIZ	ᛉ	2. Aett	Schutz, hilfreiche Grenzen

Die Runenfamilien – Aetts

Auch wenn jede Rune für sich eine eigene Schwingung mitbringt, lassen sie sich alle zu drei Familien, manchmal auch »Geschlechter« (nordisch: »Aett«) genannt, zusammenfassen. Jedes Aett unterstützt einen besonderen Bereich deines Lebens, und alle zu dieser Familie gehörenden Runen arbeiten Hand in Hand, um eine größtmögliche Harmonie zu erreichen. Dem nordischen Glauben nach wird jede Runenfamilie von einer Gottheit gehütet, die namensgebend für das Aett ist. In der nachfolgenden Aufstellung der Runenfamilien findest du jede zu dem entsprechenden Aett gehörende Rune, den Buchstaben (Laut) und die Runenschwingung bzw. den Oberbegriff der Aufgabe, die die Rune bedient. Suche jetzt jeden Buchstaben deines Namens in den folgenden Aett-Vorstellungen, und trage die Runenfamilie sowie die Begriffe in dein Formular ein.

Erstes Aett, Freyrs Aett – Kräfte des täglichen Lebens

Was unterstützt dich dabei, ein sicheres Leben zu führen sowie ein stabiles Heim und ein sicheres Auskommen im materiellen Bereich zu haben?

Diese Runen zeigen dir, welche Kräfte wirken, damit du in Harmonie mit deinen Mitmenschen leben kannst. Die Runenkräfte des ersten Aett wirken auf der materiellen Ebene und helfen dir dabei, dein Leben auf ein gesundes Fundament zu stellen. Hier stehen die Ordnung und das Zusammenwirken auf der physischen Ebene, dein Zuhause, deine Verbindung zu deiner direkten Umgebung im Vordergrund. Es geht um die Fruchtbarkeit deines Seins.

Zum ersten Aett gehören:

Laut	Rune		Runenschwingung
F	FEHU	ᚠ	Erfüllung, Geldfluss
U	URUZ	ᚢ	Sicherheit, Erdung
TH	THURISAZ	ᚦ	grenzenlose Energie
A	ANSUZ	ᚨ	Kommunikation
R	RAIDHO	ᚱ	richtige Aktion zur rechten Zeit, Verantwortung
K, C	KENAZ	ᚲ	Aufmerksamkeit, Klarheit, was zu tun ist
G	GEBO	ᚷ	ausgeglichenes Geben und Nehmen, Einheit
V, W	WUNJO	ᚹ	Ekstase, Freude

Zweites Aett, Odins Aett – das HAGALAZ Aett – Naturgewalten

Was begegnet dir im Außen? Welche Elementarkräfte wirken, und womit musst du dich arrangieren?

Du bist dein Leben lang von Naturgewalten und Kräften umgeben, die aufbauen und zerstören, die geben und nehmen. Wo stehst du als Mensch zwischen all diesen Kräften? Was unterliegt nur bedingt deiner Kontrolle? Bei den Runen des zweiten Aetts geht es um dich als Mensch innerhalb des kleinen Universums um dich herum. Es geht um die Natur, Not, Veränderung im Außen, aber auch um deine Fähigkeit, zu handeln und zu entscheiden. Wie entwickelt sich dein Handeln in Abstimmung mit den Kräften, die um dich herum wirken? Wie schaffst du es, mit dem Lebensfluss zu schwimmen, und was unterstützt dich dabei?

Zum zweiten Aett gehören:

Laut	Rune		Runenschwingung
H	HAGALAZ	ᚺ	plötzliche Veränderung durch Verlust (von außen kommend)
N	NAUDHIZ	ᚾ	Not, Hilfe in der Not

I	ISA	ᛁ	im Moment sein, Stillstand, Fokussierung auf einen Punkt
J, Y	JERA	ᛃ	natürliche Rhythmen und Zyklen
EI	EIHWAZ	ᛇ	Einweihung
P	PERTHRO	ᛈ	Chance, Wahl
Z	ALGIZ	ᛉ	Schutz, hilfreiche Grenzen
S	SOWILO	ᛊ	Intention, Absicht im Einklang mit Seele

Drittes Aett, Tyrs Aett – der Mensch in seiner Entwicklung

Was unterstützt dich dabei, ein ausgeglichenes und harmonisches Leben mit dir selbst und deinen Mitmenschen zu führen?

Was kannst du tun, um ein für dich harmonisches Leben führen zu können? Beim dritten Aett geht es um deine Rolle in der Gesellschaft, innerhalb deiner Familie und um deine Beziehungsfähigkeit bzw. um deine Beziehung zu dir selbst. Worin und wie findest du deine geistige Heimat? Woher kommst du, wer sind deine (geistigen) Ahnen?

Zum dritten Aett gehören:

Laut	Rune		Runenschwingung
T	TIWAZ	ᛏ	Zusage, Verbindlichkeit, Verlässlichkeit
B	BERKANA	ᛒ	Nahrung, Geburt neuer Ideen, Selbstliebe
E	EHWAZ	ᛖ	heilsame Beziehungen
M	MANNAZ	ᛗ	Wahrnehmung; Bewusstsein dessen, was zu tun ist
L	LAGUZ	ᛚ	mit dem Fluss des Lebens fließen
NG	INGWAZ	ᛜ	Urvertrauen, kosmische Gebärmutter
D	DAGAZ	ᛞ	Erleuchtung, höheres Wissen, Kommunikation mit der höchsten Quelle und Anbindung an diese
O	OTHALA	ᛟ	Ahnenkraft; ererbter, unbeweglicher Besitz

Verteilung der Aetts im Namen und ihre Bedeutung (Lebensschwerpunkt)

Trage in deiner Namensformular ein, zu welchem Aett jeder einzelne Buchstabe deines Namens gehört. Dann schaue, wie häufig jedes Aett vertreten ist. Dies zeigt dir die Bereiche mit dem größten Potenzial in deinem Leben bzw. worauf dein Augenmerk liegen sollte. Es mag sein, dass dein Fokus auf der Integration der Naturgewalten liegt, auf dem Erschaffen und Wahren eines gesicherten Lebensumfeldes oder auf der harmonischen Zusammenarbeit mit deinen Mitmenschen und der Gesellschaft. Welche Aufgabe schenkt dir die größtmögliche Entwicklung und Befriedigung in deinem Leben? Entweder lebst du dieses Potenzial bereits, oder es liegt brach und wartet darauf, von dir beachtet zu werden. Jetzt schaue dir an, was du in dein Formular eingetragen hast, und lasse diese Informationen auf dich wirken. Was dort steht, ist die Kraft deines Namens – von deiner Familie und von deinen Vorfahren oder vielleicht sogar von dir selbst gewählt. Dieses Formular dient dir als zusammenfassende Übersicht, als Kurzinformation über die einzelnen Teile deines Namens. Jede Rune birgt aber mehr Potenzial als den bloßen Oberbegriff. Schaue dir die ausführlichen Beschreibungen der »Runenbedeutungen« und damit die Schwingungen deines Namens im nächsten Kapitel (s. S. 42 ff.) an. Wenn du bisher einen anderen Namen als deinen Geburtsvornamen genutzt hast, dann analysiere nun beide Namen. Betrachte die Veränderungen, die sich daraus möglicherweise ergeben. Im Kapitel »Runenbedeutungen« kannst du tiefer in das Geheimnis deines Namens und deines Potenzials einsteigen, das dir immer zur Seite steht.

AUSFÜHRLICHE BESCHREIBUNG DER RUNEN

in alphabetischer Reihenfolge

Auf den nachfolgenden Seiten findest du zu jeder Rune:

- den Steckbrief, der die traditionell überlieferten Verbindungen beschreibt
- die Bedeutung der Rune und wie sie dich in deinem Leben unterstützt
- die Auswirkungen der blockierten Runenkraft, die entstehen, wenn diese Runenkraft nicht beachtet und nicht gelebt wird. Dies kann aus Unsicherheit und Angst heraus geschehen oder wenn du unbewusst diesen Kräften entgegenarbeitest, z. B. wenn Stille und Ruhe gefragt sind und du versuchst, unter allen Umständen Projekte und Aktivitäten zu erledigen.
- die Beschreibung der transformierenden Kraft, die dir aufzeigt, wie du dich mit der Runenkraft unterstützen kannst. Durch die Arbeit mit der transformierenden Kraft einer Rune lässt du diese lebendig in deinem Leben wirken, sodass auch blockierte Energien wieder aktiviert werden.

ALGIZ ᛉ

Buchstabe:	Z
Aett:	2. Aett, Odins Aett, HAGALAZ-Aett – Naturgewalten
Element:	Luft
Farbe:	Hellgrün
Mineral:	Achat, Schiefer
Tier:	Schwan
Baum:	Eibe
Pflanze:	Riedgras
Traditioneller Bezug:	Elchkraft

Bedeutung der Rune

Schutz, hilfreiche Grenzen, Ausrichtung, Freiheit

ALGIZ ist eine starke Schutzrune. Sie wirkt, indem sie Grenzen aufrechterhält, damit kein Angriff gegen dich sein Ziel erreicht. Du brauchst nichts dafür tun, somit wirkt sie passiv für dich. Die Kraft von ALGIZ ermöglicht es dir, dich abzugrenzen und dein Territorium, deinen energetischen Raum für dich einzunehmen. Durch die innerhalb dieser Grenzen entstehende Ruhe und Klarheit hörst du deine innere Stimme und handelst deinem Höheren Selbst entsprechend. Durch den Schutz von ALGIZ kannst du »das Schilf rascheln hören«. Dies bedeutet, bevor etwas offensichtlich wird und sich noch im Unsichtbaren versteckt, macht ALGIZ es schon für dich erkennbar. ALGIZ fordert dich hierfür auf, in der Ruhe sowie unsichtbar für die Gegner zu sein und den Klängen deiner Umwelt zu lauschen. Die Abgrenzung durch ALGIZ bedeutet nicht, dass du dich in einen Kokon zurückziehen kannst. Du erhältst die Freiheit, ohne manipulativen Einfluss von außen zu agieren. Schaue dir die Form von ALGIZ an. Sie zeigt den Menschen, wie er mit festen Beinen auf dem Boden steht und beide Arme Richtung Universum ausstreckt – der Mensch zwischen Himmel und Erde, zwischen dem Oben und dem Unten. So hörst du die Botschaften aus den geistigen Reichen und kannst sie in dein Handeln einfließen lassen. Du erkennst deinen Teil im kosmischen Geschehen, und dein Denken und Handeln wird sich immer mehr deinem wahren Zweck, deiner wahren Aufgabe zuwenden. Du bist der Mensch zwischen Himmel und Erde, geborgen und angebunden.

Blockierte Runenkraft

Ein Mangel an ALGIZ-Einfluss lässt dich zum Spielball der Gewalten um dich herum werden. Du agierst aus einer haltlosen Angst heraus und fühlst dich allein gelassen. Es fällt dir schwer, Kontakt zur höchsten Quelle aufzunehmen, und du fühlst dich in den Fängen der Außenwelt gefangen. Du wirst in zwischenmenschliche Ränkespiele hineingezogen, weil dir die Abgrenzung fehlt. Du wirst von den äußeren Einflüssen überschwemmt und verlierst infolgedessen den Kontakt zu deinem Höheren Selbst, was dich in deiner Wahrnehmung verunsichert.

Transformierende Kraft

ALGIZ liefert durch die Abgrenzung die Ruhe, die du brauchst, um wieder zu dir selbst zu finden. Rufe in stressigen Zeiten das Element Luft um Hilfe. Stelle dich dazu aufrecht mit sicherem Stand und die Arme nach oben ausgestreckt hin. Atme nun so lange tief ein und aus, bis du dich ganz von der Luft erfüllt und erfrischt fühlst. ALGIZ bringt dich zurück in deine Eigenwahrnehmung. Es ist jetzt wichtig, nicht voreilig zu handeln, sondern sich erst Zeit für Reflexion zu nehmen und wieder im eigenen Zentrum anzukommen.

ANSUZ ᚨ

Buchstabe:	A
Aett:	1. Aett, Freyrs Aett – Kräfte des täglichen Lebens
Element:	Luft
Farbe:	Dunkelblau
Mineral:	Smaragd
Tier:	Eichhörnchen
Baum:	Ulme
Pflanze:	Lungenkraut, Fliegenpilz
Traditioneller Bezug:	Wind, Odins Umhang

Bedeutung der Rune

Kommunikation, Inspiration, Weisheit

ANSUZ ist die Rune der Kommunikation. Kommunikation mit dem Höheren Selbst, der geistigen Ebene sowie den Mitmenschen, Naturwesen, Pflanzen und Tieren, Kommunikation auf allen Ebenen. ANSUZ ermöglicht einen tiefen Einblick in die Zusammenhänge des Lebens. Sie wird in Verbindung mit den geistigen Reichen gebracht, sie fördert die Kommunikation mit diesen. ANSUZ wirkt auf die Spiritualität des Menschen. Die Rune hilft dir, im Umgang mit anderen Menschen die richtigen Worte zu finden und verleiht dir die Authentizität, die deine Ehrlichkeit und Wahrheit unterstreicht. Sie unterstützt dich dabei, Dinge klar auszudrücken. Denn was klar dargestellt und benannt wird, ist begreifbar und verliert seine Schattenseite.

ANSUZ ist die Sprache des Windes. Wer die Kräfte von ANSUZ integriert hat, ist in der Lage, mit dem Wind zu kommunizieren, ihn zu lenken und zu nutzen. Mit dem Wind im Rücken können wir mit Leichtigkeit auf höchste Höhen hinaufsteigen. Der Wind und das Wort sind mächtige Kräfte, mit denen wir Antrieb für neue Aktionen bekommen. In der Kommunikation mit dem Universum erfährst du den heiligen kosmischen Ton. Aus diesem Ton formst du dein Lied mit deinen heiligen Strophen und webst damit deine Zukunft.

Blockierte Runenkraft

Ist ANSUZ blockiert, mangelt es dir an Inspiration und Anbindung an die geistige Ebene. Körper und Geist sind nicht mehr verbunden und agieren ohne Abstimmung. Es fällt dir dann schwer, die richtigen Worte zu finden. An dich gerichtete Botschaften hörst du zwar, aber du verstehst den Sinn dahinter nicht. Aus diesem Mangel heraus entsteht bei dir das Gefühl, von allem getrennt zu sein und von deinen Mitmenschen nicht verstanden zu werden. Du versinkst dadurch im Morast der negativen Gedanken. Selbst deine eigene innere Stimme kannst du so nicht mehr hören.

Transformierende Kraft

Die Schwingung von ANSUZ öffnet dein Herz. Aus diesem geöffneten Herzen fließt die Energie weiter durch den ganzen Körper und löst Verkrampfungen sowie Ängste auf. Als Talisman geweiht schützt ANSUZ dich vor übler Nachrede und schenkt dir immer die richtigen Worte zur rechten Zeit. Achte einmal darauf, wie sich dein Körpergefühl verändert, während du den Buchstaben »A« lang gezogen singst. Du singst »dein A« in der Tonlage, die sich für dich harmonisch anfühlt. Es kann auch jedes Mal eine andere Tonhöhe sein. Der Buchstabe »A« ist der Schlüssel, nicht die Note.

BERKANA ᛒ

Buchstabe:	B
Aett:	3. Aett, Tyrs Aett – der Mensch in seiner Entwicklung
Element:	Erde
Farbe:	Grün
Mineral:	Mondstein
Tier:	Katze, Fasan
Baum:	Birke
Pflanze:	Flachs, Orchidee
Traditioneller Bezug:	Brüste von Mutter Natur

Bedeutung der Rune

Nahrung, Geburt neuer Ideen, Selbstliebe, spiritueller Neubeginn, ausgeglichene weibliche Sexualkraft

BERKANA verbindet dich mit den weiblichen Kräften der Großen Göttin und den weiblichen Mysterien. Der Neubeginn, der jungfräuliche Initiationsfunke ist ihre Stärke. Aus dem Nichts heraus lässt BERKANA Neues entstehen. Sie ist die Rune der Fruchtbarkeit – nicht nur auf die Sexualität beschränkt. Aus dem von BERKANA initiierten Neubeginn heraus ist Wachstum möglich. Die Rune beschützt das »junge Pflänzchen« des Neuanfangs und hält diesen Schutz aufrecht, bis der Gedanke, das neue Projekt stark genug für die Weiterentwicklung ist. BERKANA hält dich dazu an, dich um dich selbst zu kümmern. Auf welche Weise und womit versorgst und nährst du dich selbst, seelisch und auch körperlich? Beachtest du deine Bedürfnisse? Achtest du deine Wünsche? So wie dich die Brüste von Mutter Natur auf allen Ebenen näh ren, bist du aufgefordert, deinen Teil zu deinem Erblühen zu leisten. BERKANA lässt dich die natürlichen Rhythmen der weiblichen Intuition erkennen und den richtigen Zeitpunkt, zu reden oder zu schweigen, finden.

Blockierte Runenkraft

Ist die Kraft von BERKANA blockiert, kommen neue Projekte nicht über die Planungsphase hinaus. Alles braucht übermäßig viel Zuwendung, ohne den verdienten Erfolg zu erreichen. Der Kontakt zur eigenen weiblichen Kraft ist unausgeglichen. Oftmals ist der Zugang zur eigenen Weiblichkeit sogar völlig verschüttet. Das Bewusstsein, für sich selbst zu sorgen und sich nähren zu können, ist verloren gegangen und hinter unwichtigen Dingen verborgen. Es entsteht das Gefühl von Verlassenheit und/oder Bedürftigkeit. Aus diesem Mangel von bewusster Fürsorge heraus entsteht blinder Aktionismus, um den Mangel auszugleichen, was aber nur zu unbefriedigenden, weil ziellosen Ergebnissen führt sowie Kraft und Überblick kostet.

Transformierende Kraft

BERKANA ist eng verbunden mit der Kraft der Birke, einer der ersten Bäume, die im Frühjahr austreiben. Birkenwasser gilt seit langer Zeit als Haarwuchstonikum. Und so wie das Birkenwasser Wachstum anregt, »wäscht« die Birkenkraft der BERKANA-Rune festgefahrene Strukturen frei und lässt, als Amulett auf einer Birkenscheibe getragen, Aufbruchsstimmung entstehen. Gleichzeitig liefert sie Impulse, neue Ideen zu verfolgen und neue Denkweisen zuzulassen.

DAGAZ ᛞ

Buchstabe:	D
Aett:	3. Aett, Tyrs Aett – der Mensch in seiner Entwicklung
Element:	Luft, Erde
Farbe:	Hellblau
Mineral:	Chalcedon
Tier:	Schmetterling, Zaunkönig
Baum:	Eiche
Pflanze:	Augentrost
Traditioneller Bezug:	das Licht, der Tag, Morgen- und Abendstern

Bedeutung der Rune

Erleuchtung, höheres Wissen, Kommunikation mit der höchsten Quelle und Anbindung an diese, höhere Wahrnehmung, Seelenerweckung

Mithilfe von DAGAZ kannst du dich mit der höchsten Quelle im Universum verbinden. DAGAZ beleuchtet dazu den Weg deiner Seele. Diese Kraft ermöglicht es dir, das Wissen aus der höchsten Wahrnehmung zu erhalten. Sie erschafft die Vernetzung zwischen dem Höheren Selbst und dem bewussten Selbst, sodass die Weisheit der höchsten Quelle die Erweckung deiner Seelenkraft fördert. DAGAZ schafft den vertrauensvollen Raum, in dem das Innere mit dem Äußeren zu einem Ganzen verschmelzen kann. Sie lässt dich die Mysterien des Lebens erkennen. DAGAZ ist keine Rune des Handelns. Wenn du allerdings bereit dazu bist, hinzuhören und dich den Mysterien des Lebens anzuvertrauen, lässt sie dich an ihren Geheimnissen teilhaben. Ihre größte Wirkung entfaltet sie in der meditativen Stille, in welcher die höchste Quelle des Universums sich dir mitteilt. Durch das Licht des neuen Morgens, von DAGAZ zum Leuchten gebracht, ist das Ziel klar zu erkennen.

Blockierte Runenkraft

Ist die Runenkraft von DAGAZ blockiert, bewegst du dich ausschließlich im alltäglichen Leben. Die Verbindung zum Höheren Selbst ist abgeschnitten, Wissen und Weisheit kommen allein aus dem Verstand. Das eigene Selbst steht im Fokus des Lebens, die Anbindung zur höchsten Quelle kann nicht aufgebaut werden. Das Licht des Tages, die wahre Kraft von DAGAZ wird für profane Aktionen verbraucht.

Transformierende Kraft

DAGAZ öffnet dir die Türen zu neuen mystischen Erkenntnissen. Sie unterstützt dich bei der Manifestation dessen, was deine Seele für diese Inkarnation geplant hat. Eine regelmäßige meditative Stille knüpft und unterstützt diese Verbindung. Indem du hinhörst und das Erfahrene wirken lässt, öffnen sich die Zugänge zu DAGAZ' Wissen für dich.

EHWAZ ᛖ

Buchstabe:	E
Aett:	3. Aett, Tyrs Aett – der Mensch in seiner Entwicklung
Element:	Erde
Farbe:	Grün
Mineral:	Saphir
Tier:	Pferd, Schwan
Baum:	Pappel
Pflanze:	Huflattich
Traditioneller Bezug:	Pferd, Odins Streitross Sleipnir

Bedeutung der Rune

heilsame Beziehungen, Vertrauen in andere Menschen, kontinuierliche Entwicklung

EHWAZ ist die Rune, die am stärksten die Bildung von gesunden und heilsamen Beziehungen unter Menschen, Tieren und Pflanzen fördert. Sie unterstützt dich dabei, ein schützendes und aufbauendes Heim zu schaffen, in dem die Familie Geborgenheit erleben kann. Sie begünstigt zwischenmenschliche Beziehungen und bringt Dinge zusammen, die sich gegenseitig unterstützen. EHWAZ hilft dir, dich an die Bedingungen deines Lebensumfeldes anzupassen und Veränderungen zuzulassen. Mit Leichtigkeit und Freude kannst du unter dem Einfluss und der Führung der Rune Entwicklungen zulassen, ganz in dem Vertrauen, dass es deiner Entwicklung dient. EHWAZ lädt dich dazu ein, dich mit der Tierwelt zu beschäftigen und zu lernen, wie Rudel zusammenhalten und wie jeder in diesem Rudel seinen sicheren Platz hat. Aus diesem Wissen heraus entsteht ein tiefes Vertrauen in die eigene Familienkraft. Die Schwingung von EHWAZ verhilft zu harmonischen Liebesbeziehungen.

Blockierte Runenkraft

Ist die Kraft von EHWAZ blockiert, ist der Kontakt zum eigenen Ich verloren und die Selbstwahrnehmung gestört. EHWAZ führt dich sicheren Schrittes durch alle Projekte. Im blockierten Zustand jedoch fehlt dir das Vertrauen, diese Projekte meistern zu können, und es fällt dir schwer, dich an Neues anzupassen. Diese Unsicherheit wirkt sich auch auf deine Beziehungen mit dem sozialen Umfeld aus. Mangelndes Vertrauen in die richtige Führung nimmt dir den Mut für den nächsten Schritt.

Transformierende Kraft

EHWAZ verbindet Menschen und zeigt, dass mit Zusammenarbeit und Zusammenhalt Kraft und Erfolg leichter zu erreichen sind. Das spiegelt sich auch in der Form der Rune wider: Sie ähnelt zwei Menschen, die sich die Hand geben. Mit dem Handschlag öffnest du dich der Kommunikation mit deinem Gegenüber und signalisierst, dass ihr beide eine gemeinsame Zeit beginnt.

Die durch EHWAZ repräsentierte Kraft des Pferdes liefert Ausdauer und Schnelligkeit und unterstützt dich auf Reisen aller Art. Brauchst du dabei Durchhaltevermögen und Geschwindigkeit – sei es bei geistigen oder physischen Reisen –, kannst du ein Amulett mit der Rune EHWAZ darauf tragen oder auch einfach die Rune auf einen Gegenstand malen und diesen mit dir führen.

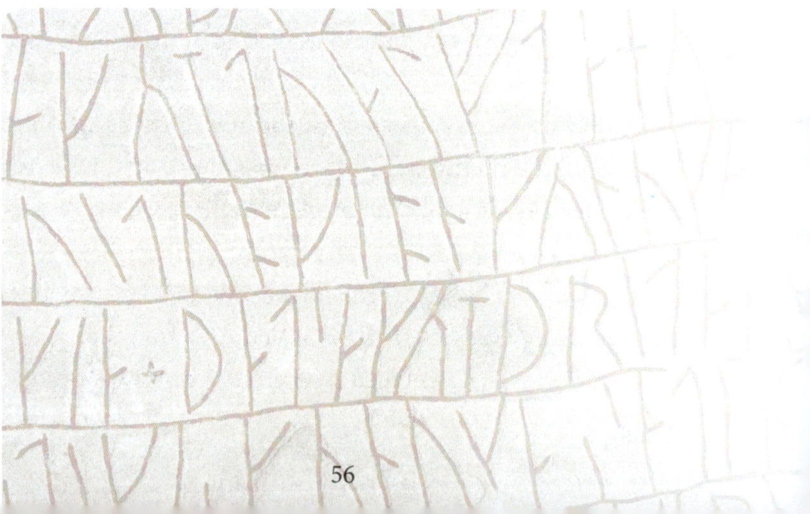

EIHWAZ ᛇ

Buchstabe: EI
Aett: 2. Aett, Odins Aett, das HAGALAZ-Aett – Naturgewalten
Element: alle Elemente
Farbe: Dunkelblau
Mineral: Rubin
Tier: Krähe
Baum: Eibe
Pflanze: Tollkirsche
Traditioneller Bezug: Weltenbaum

Bedeutung der Rune

Einweihung, Erneuerung, Wissen um das intime Mysterium des Lebens und Sterbens

Die vordringliche Kraft und Aufgabe von EIHWAZ ist die Einweihung. EIHWAZ öffnet Tore und lässt dich hinter die Schleier der Mysterien schauen. Alte Verhaltensmuster zerfallen, Neues entsteht. EIHWAZ zeigt die Wirkung von Licht und Schatten auf, lässt dich die notwendige Balance in allem erkennen. Durch die tief greifenden Veränderungen, die EIHWAZ in unserem Leben erzeugt, erklärt sich das Mysterium vom Leben und Sterben, von Gehenlassen und Erhalten. Die Einweihung durch EIHWAZ fordert dich dazu auf, Altes loszulassen, gehen zu lassen, um neu geformt zu werden. EIHWAZ öffnet Türen in unbekannte Bereiche und hilft dadurch, neue Erkenntnisse zu verarbeiten und im Leben zu verankern. Aus dieser erhöhten Sichtweise heraus entsteht Toleranz gegenüber den Mitmenschen und alltäglichen Gegebenheiten.

Blockierte Runenkraft

Ist die EIHWAZ-Kraft blockiert, hältst du störrisch an alten Verhaltensmustern und Erfahrungen fest. Es fehlen dir der Mut und das Vertrauen, dich hinzugeben und neue Bewusstseinsebenen zuzulassen. Unter dem blockierten Einfluss von EIHWAZ fällt dir Toleranz deinen Mitmenschen gegenüber schwer, und du versuchst, sie nach deinen festgefahrenen Regeln des Miteinanders zu beeinflussen. Blockierte EIHWAZ-Energie lässt keine faszinierenden Veränderungen zu.

Transformierende Kraft

EIHWAZ ist eine sehr mächtige Rune. Sie steigert deinen Lebenswillen und motiviert dich, neue Gefilde zu erobern. Sie stärkt deinen Rücken und löst somit Blockaden in der Wirbelsäule. »Aufrecht stehen, mutig gehen« ist die Botschaft, die dir EIHWAZ mit auf den Weg gibt. Ziehe dich täglich für ein paar Minuten in die Stille zurück. Atme tief in deinen ganzen Körper herein. Nenne beim Einatmen die Silbe »EIH« und beim Ausatmen die Silbe »WAZ« und das in deiner Atemgeschwindigkeit. Stelle dir vor deinem inneren Auge vor, wie deine Wirbelsäule unterstützt wird, wie du dich aufrichtest und dein Geist mit jedem Atemzug klarer wird.

FEHU ᚠ

Buchstabe:	F
Aett:	1. Aett, Freyrs Aett – Kräfte des täglichen Lebens
Element:	Feuer
Farbe:	Feuerrot
Mineral:	Granat
Tier:	Wolf, Möwe
Baum:	Holunder
Pflanze:	Wegerich
Traditioneller Bezug:	Rind, Vieh

Bedeutung der Rune

Erfüllung, Geldfluss, Reichtum/Wohlstand, gute Zeit für Anschaffungen

FEHU schenkt dir Erfüllung im Leben sowie einen ausgeglichenen und stabilen Zustand mit innerer Zufriedenheit. FEHU bringt das Glück ins Haus.

Der Überlieferung nach steht die FEHU-Rune für das Vieh, das bewegliche und veräußerliche Hab und Gut und damit auch für Wohlstand. In der heutigen Zeit haben die wenigsten Menschen noch ein Rind im Stall stehen. Überträgt man diese Bedeutung von FEHU auf unsere Gegenwart, ist die Rune Sinnbild für Geld und ausreichenden Geldfluss. Anschaffungen und Vermehrung stehen mit FEHU unter einem günstigen Stern. Dank der Rune schwelgst du in einem ausgeglichenen Überfluss und bist dadurch unabhängig in deinen Entscheidungen. FEHU ermächtigt dich, für dich selbst zu sorgen.

Blockierte Runenkraft

Ist die FEHU-Kraft blockiert, versiegt auch der Geldzufluss. In den meisten Lebensbereichen entsteht ein Mangel, was zu Kraft- und Mutlosigkeit führt. Aus diesem Mangel heraus entwickeln sich Neid und Raffgier. Du hast dann das Gefühl, nicht genug zu bekommen. Du glaubst, dir nichts gönnen zu können. Unter dem Einfluss der blockierten FEHU-Energie solltest du dein Geld zusammenhalten. Ansonsten rinnt es dir durch deine Finger, ohne dass ausreichend Geld nachfließt.

Transformierende Kraft

Die mit der FEHU-Rune zusammenarbeitende Feuerkraft kannst du nutzen, um neue Inspiration in deine Pläne mit einfließen zu lassen. FEHU ist die Kraft, die durch Ausgewogenheit im Wohlstand Harmonie und Herzensfreude entstehen lässt. FEHU liefert dir Energie – sowohl auf der geistigen als auch der materiellen Ebene. Durch das Intonieren der Rune kannst du dich mit frischer Energie aufladen. Allerdings musst du diese Energie nutzen. Zuviel angehäufte und gespeicherte Energie kann dazu führen, dass du nicht abschalten und nicht zur Ruhe kommen kannst.

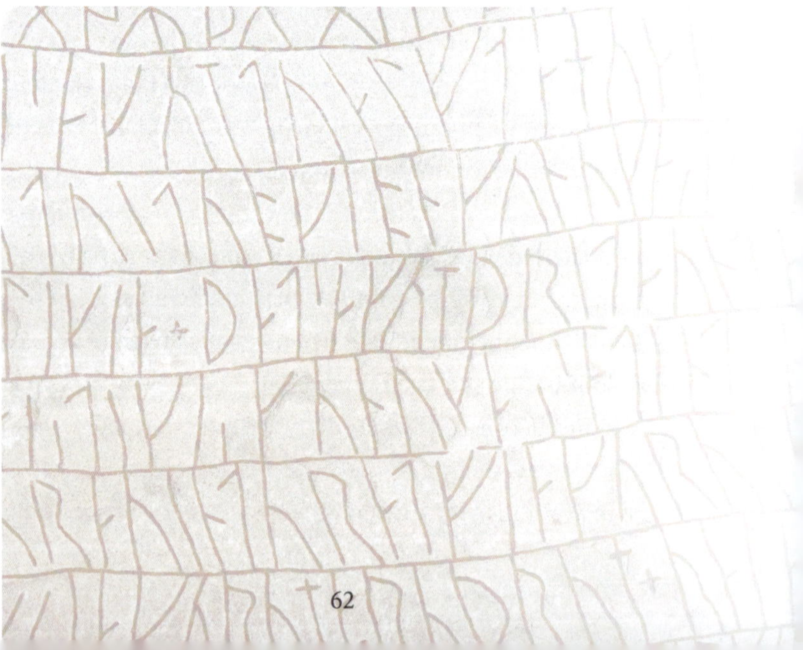

GEBO ᚷ

Buchstabe:	G
Aett:	1. Aett, Freyrs Aett – Kräfte des täglichen Lebens
Element:	Luft
Farbe:	Tiefblau
Mineral:	Opal
Tier:	Höckerschwan
Baum:	Ulme
Pflanze:	Efeu, Klette
Traditioneller Bezug:	Gabe, Geschenk, Ausgleich

Bedeutung der Rune

ausgeglichenes Geben und Nehmen, Vereinigung mit dem Göttlichen, Ausgleich, Einheit

GEBO fordert dich dazu auf, Geben und Nehmen im Einklang, in der Balance zu halten. Oft ist es leichter, zu geben. Geschenke anzunehmen, fällt wiederum schwer. Aber im Universum ist alles bestrebt, in die Balance zu kommen, auch der Austausch von Kräften und Energien. Aus diesem Ausgleich heraus erwächst erst Harmonie – zwischen Menschen, zwischen Männlichem und Weiblichem sowie zwischen der

Geistigen und der materiellen Welt. GEBO schenkt dir die Erfüllung deiner Bedürfnisse in Übereinstimmung mit deinem Lebensweg. Alles zieht einen Ausgleich nach sich, in jeder Beziehung. Aus der Zweiheit heraus entsteht Einheit. Durch die harmonische Verbindung zwischen Männlichem und Weiblichem öffnet GEBO dich für den Tanz der Sexualität, in dem Bewusstsein, dass alles ein Geben und Nehmen ist.

Blockierte Runenkraft

GEBO wirkt im blockierten Zustand trennend und führt zu Unausgeglichenheit. Es kommt keine Übereinkunft zustande, Streit ufert aus. Es fällt dir schwer, deiner eigenen inneren Wahrheit zu vertrauen. Zwischen zwei Parteien ist dann keine Einigung möglich, und in Beziehungen herrschen Spannung und möglicherweise sogar Zwietracht. Du glaubst, zu wenig zu bekommen und zu viel zu geben. Oder dir wird deiner Meinung nach zu viel aufgebürdet, und du erhältst zu wenig Anerkennung dafür.

Transformierende Kraft

GEBO eignet sich für die Heilung von Beziehungen. Durch den harmonischen und ausgleichenden Energiefluss von GEBO können zerstrittene Parteien wieder aufeinander zugehen und sich wieder annähern. GEBO ist die Rune des Verstehens. In der Meditation hilft sie dir, deine geistigen Kräfte zu verstehen und das tiefe Wissen aus der Geistigen Welt in dein Leben zu integrieren. Ein gebender Aspekt der GEBO-Rune kann auch eine Opferung sein. Wenn du in kleinen Ritualen durch Loslösen alter Anhaftungen Platz für Neues schaffst, was deinem neuen Weg entspricht, stellst du die Balance wieder her. Du opferst Altes, und neue Erfahrungen werden in dein Leben kommen.

HAGALAZ ᚺ

Buchstabe:	H
Aett:	2. Aett, Odins Aett, HAGALAZ-Aett – Naturgewalten
Element:	Wasser
Farbe:	Hellblau
Mineral:	Lapislazuli
Tier:	Eidechse
Baum:	Weißdorn/Hagedorn
Pflanze:	Bilsenkraut
Traditioneller Bezug:	Hagel

Bedeutung der Rune

plötzliche Veränderung durch Verlust (von außen kommend), kosmische Struktur, Durchbruch durch Begrenzungen

HAGALAZ ist eine sehr brachiale Runenkraft, die bei vielen Menschen wegen ihrer durchschlagenden Kraft Unbehagen hervorruft. HAGALAZ kommt mit der zerstörerischen Kraft des Hagels, der dich dazu zwingt, dich in einen sicheren Unterschlupf zurückzuziehen, während draußen die Naturgewalten toben. HAGALAZ entfernt abrupt, was nicht mehr zu dir gehört. Dies ängstigt viele Menschen, wer will schon

Verlust erleiden. HAGALAZ aber nimmt nicht nur, sondern schafft Platz für das, was eigentlich vorhanden sein sollte. HAGALAZ entfernt Blockierendes sowie Belastendes und lenkt positive Einflüsse in dein Leben. HAGALAZ durchbricht Begrenzungen und macht den Blick für die wahre Schönheit im Innern frei, sodass die Harmonie, die zum eigenen Innern passt, endlich Raum einnehmen kann. HAGALAZ nimmt und bringt direkt im Anschluss den Ausgleich – sei es in Form einer neuen Wohnung, eines neuen Arbeitsplatzes, eines neuen Partners. Du musst dich nur darauf einlassen und darauf vertrauen, dass all das zu dir gehört.

Blockierte Runenkraft

Ist die HAGALAZ-Energie blockiert, stagnieren Veränderungen, und es fehlt dir der Antrieb, Altes gehen zu lassen. Auch wenn du genau weißt, dass diese alte Situation belastend für dich ist, wird sie weiterhin aufrechterhalten und genährt. Dies kostet dich unendlich Energie und bringt dich nicht weiter. Gleichzeitig haderst du mit dem Schicksal. Denn du hast das Gefühl, dass du aus allen möglichen Richtungen bestraft werden würdest. Es fehlen dir bereichernde Kontakte. Du versinkst dadurch in alten, überholten Strukturen und Begrenzungen.

Transformierende Kraft

HAGALAZ öffnet den Raum, damit neue Entwicklungen entstehen können. Mit der Unterstützung dieser Rune können gut Heilmeditationen durchgeführt werden. Durch das Entfernen von Blockaden bringt sie den Körper in Einklang und regt die Selbstheilungskräfte an. HAGALAZ ist gleichzeitig eine starke Schutzkraft. Wie die Bärenmutter bei Gefahr ihre Jungen verteidigt, kann HAGALAZ unser Heim und unsere Familie schützen. HAGALAZ lässt nicht zu, dass störende Einflüsse in dein Leben fließen. Die Rune wird alles, was dir schaden könnte, bereits in der Entstehung verhindern. Sie fordert dich dazu auf, deine Träume zu verfolgen, auch wenn es um dich herum stürmt und schneit. Wenn du dich wehrst, wird sie für dich entscheiden. Gleichzeitig aber gibt dir HAGALAZ die Kraft zum Durchhalten, denn du kannst darauf vertrauen, dass nach dem Hagelsturm die Sonne wieder scheint und Neues einzieht.

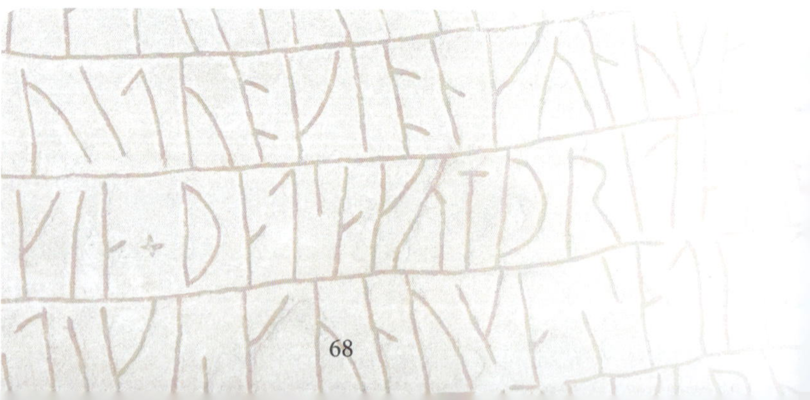

INGWAZ ◇

Buchstabe:	NG
Aett:	3. Aett, Tyrs Aett – der Mensch in seiner Entwicklung
Element:	Wasser/Erde
Farbe:	Grüngelb
Mineral:	Bernstein
Tier:	Schmetterling, Gans
Baum:	Eibe
Pflanze:	Schilf
Traditioneller Bezug:	Erdgott Ing

Bedeutung der Rune

Urvertrauen, Vertrauen in das Leben und seine Experimente, kosmische Gebärmutter, Fruchtbarkeit

INGWAZ ist die Runenkraft, die alles umhüllt und schützt, was sich entwickeln soll. INGWAZ fordert dich dazu auf, in die Ruhe zu gehen, dir Zeit zu lassen und dich auf das zu besinnen, was du wirklich willst. INGWAZ erhält den schützenden Raum, damit Projekte die Energie erhalten, die sie für ihre Entwicklung brauchen. Dieser Schutzraum ist das Nest, in dem Wachstum geschieht. INGWAZ klärt die Gedankenstrukturen, lässt positive Einstellung zu und fördert so die innere Transformation. Sie liefert das Vertrauen in das Leben und seine Experimente. INGWAZ lässt uns den Bauplan des Lebens erfahren, und in der Stille des Rückzugs werden die komplizierten Strukturen sichtbar und erfahrbar. Die Rune stellt den beschützenden und bewahrenden Teil der Schöpfungsenergie dar. INGWAZ stellt eine passive Art von Schutz dar. Du brauchst nichts tun, um den Schutz aufrechtzuerhalten. Es reicht, die Form von INGWAZ um dich herum zu visualisieren. Alles Weitere geschieht von selbst.

Blockierte Runenkraft

Ist die Energie von INGWAZ blockiert, mangelt es dir an Vertrauen, dass alles im Leben einem Sinn entspricht. Dein Fokus für Führung und Wachstum liegt im Außen anstatt im Inneren. Der Glaube an deine eigenen Fähigkeiten fehlt. Dadurch wird die Energie zerstreut und zerfließt. Das Gefühl, nichts halten zu können, verstärkt deine negativen Gedanken, und es entsteht in dir das Gefühl, von allem abgeschnitten zu sein. Durch viele Aktionen im Außen versuchst du, das Zerfließen der Energie aufzuhalten, was aber wieder nicht zu einer sicheren Struktur in deinem Leben führt.

Transformierende Kraft

Wenn du Schutz für deine Projekte oder dich wünscht, nimm mit deinem Körper die Form von INGWAZ ein. Verschränke hierzu deine Hände so, dass deine Arme einen Kreis bilden. Schiebe die Ellenbogen nach außen, deine Arme formen jetzt die Rune INGWAZ. Führe nun deine Handrücken zur Stirn, wenn du Schutz für Ideen begehrst, oder lege die Handflächen vor deinen Bauch, wenn du Schutz für materielle Angelegenheiten wünscht. Bleibe in der jeweiligen Position, und stelle dir vor, wie sich der Schutz um deine Projekte legt.

Du kannst die Rune ebenfalls auf den Boden malen oder sie mit Tüchern um dich herum legen. Durch die Ruhe wirst du zu dir finden und Klärung erhalten.

Um Unterstützung bei längerfristigen Projekten zu erhalten, kannst du eine Collage herstellen, indem du die INGWAZ-Rune aufmalst und stellvertretende Objekte für diese Unternehmungen in die INGWAZ-Rune legst, zeichnest oder klebst. Diese Collage bleibt so lange bestehen, wie die Projekte andauern.

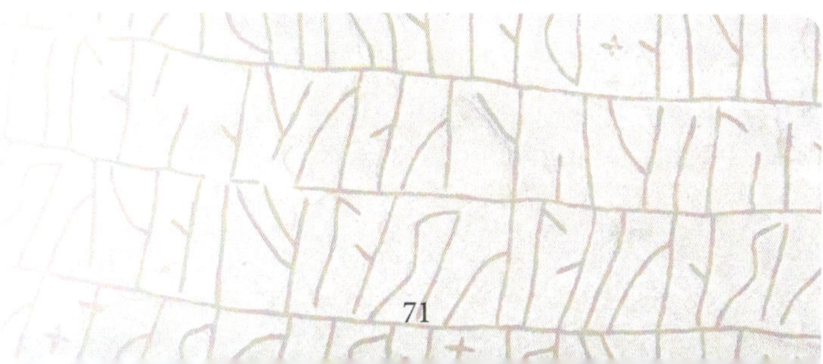

ISA ᛁ

Buchstabe:	I
Aett:	2. Aett, Odins Aett, HAGALAZ-Aett – Naturgewalten
Element:	Wasser
Farbe:	Weiß
Mineral:	Bergkristall
Tier:	Eisbär
Baum:	Eibe, Erle
Pflanze:	Beinwell
Traditioneller Bezug:	Eis

Bedeutung der Rune

im Moment sein, Stillstand, Fokussierung auf einen Punkt, Entschleunigung, Zentriertheit im Innern

ISA symbolisiert das Eis, aus dem laut der germanischen Mythologie zusammen mit dem Feuer das Universum entstanden ist. Die einfrierende Kraft des ISA-Eises hilft dir, zu schnelle Aktivitäten aus der Hektik in die Ruhe zu bringen und zu entschleunigen. ISA lässt dich wieder im Hier und Jetzt ankommen. Wie ein Spotlight von oben richtet ISA deinen Fokus auf dich selbst. Die Rune führt dich zurück in dein Inneres und stärkt deine Konzentrationsfähigkeit auf das Wesentliche. Durch die Fähigkeit, Energien zusammenzubringen und zu halten, fördert ISA das ganzheitliche Bewusstsein auf allen Ebenen. Die Kraft von ISA zwingt dich gleichzeitig zu Geduld. Nun ist nicht der Moment, um vorwärtszupreschen und Entwicklung zu erwarten. ISA schenkt dir die Zeit, Erkenntnisse wachsen zu lassen. Gibst du dich allerdings der ISA-Schwingung zu exzessiv hin, besteht die Gefahr, dass du im ewigen Eis von ISA festfrierst. Wenn du in der Phase der Ruhe und des klärenden Rückzugs den Überblick gefunden hast, ist es anschließend wichtig, dass du dich auch wieder zum aktiven Handeln entscheidest.

Blockierte Runenkraft

ISA lässt dich zur Ruhe kommen. Wenn du dich dagegen wehrst und weiterhin versuchst, die Dinge voranzutreiben, vergeudest du wertvolle Energie. Es fällt dir dann schwer, im Handeln die Übersicht zu behalten, denn ISA will Stillstand und Zentrierung. Die Rune fordert dich dazu auf, dich zu sammeln und die Situation genau zu bewerten. Wenn du dem nicht nachkommst, geraten bestimmte Unternehmungen und Dinge zu schnell in deinen Fokus und lassen sich nur schwer handhaben. Es mangelt dir infolgedessen an Konzentration und klarem Bewusstsein.

Transformierende Kraft

ISA kann überhitzte und hektische Gemüter wieder beruhigen. Stelle dich dazu aufgerichtet wie die ISA-Rune hin, und atme die ISA-Kraft tief in deinen Körper herein. Dadurch wird deine Klarheit gefördert, und Entspannung tritt ein.

JERA ᛃ

Buchstaben:	J, Y
Aett:	2. Aett, Odins Aett, HAGALAZ-Aett – Naturgewalten
Element:	Erde
Farbe:	Grün
Mineral:	Karneol
Tier:	Adler, Huhn
Baum:	Apfelbaum, Ahorn, Eiche
Pflanze:	Korn
Traditioneller Bezug:	Ernte, ein Jahr

Bedeutung der Rune

natürliche Rhythmen und Zyklen, in Harmonie mit dem natürlichen Wachstum sein

JERA macht uns klar, dass es für alles eine richtige Zeit gibt. Die Rune unterstützt die natürlichen Kreisläufe des Lebens. Sie ruft dich dazu auf, zu schauen, ob dein Handeln von den natürlichen Gegebenheiten wie Jahreszeit, Tages- und Nachtzeit, Entwicklungsstand oder Angebot unterstützt wird. Fühlst du den natürlichen Zustand? Was macht die Natur aktuell um dich herum? Wann schläfst du, wann bist du wach? Was sind die Bedürfnisse deines körperlichen Rhythmus? Wenn du diese Aspekte, die natürlichen Rhythmen von Aussaat und Ernte betrachtest und in deine Projektplanung mit einbeziehst, lässt die Kraft von JERA dein Handeln in Harmonie mit der kosmischen Zeit verlaufen, und du wirst positive Ergebnisse erzielen. Diese werden in deinem Gedächtnis gespeichert, du wirst infolgedessen mutiger und gewinnst Vertrauen in dein Tun. Handelst du in Einklang mit JERA, erfährst du Leichtigkeit und Unterstützung, und die daraus resultierenden Ergebnisse werden förderlich und erfüllend sein. Dank JERA kannst du das, was du in der Vergangenheit gesät hast, ernten. Und wenn du im Einklang mit der Rune gehandelt hast, wird diese Ernte ausreichend sein und dich in Durstphasen unterstützen.

Blockierte Runenkraft

Wenn du gegen die natürlichen Rhythmen von Aktivität und Ruhephase arbeitest, kostet dich dein Handeln viel Energie und wird selten von wirklichem Erfolg gekrönt sein. Es muss mit ganz viel Gegenwind gerechnet werden. Alles braucht wesentlich mehr Zeit.

Transformierende Kraft

JERA hilft auch – und gerade bei immer wiederkehrenden Krankheitszeiten –, wieder den eigenen Rhythmus zu finden. Wer über einen längeren Zeitraum immer wieder entgegen den natürlichen Gegebenheiten lebt, schwächt sich langfristig selbst. JERA lässt dich erkennen, wo du dich und deine Rhythmen vernachlässigst. Beobachte dein Verhalten und deine Art zu leben, und vergleiche sie mit dem, was die Natur dir zeigt. Dies kann dich wieder zurück in deine harmonische Geschwindigkeit bringen.

KENAZ <

Buchstaben: C, K

Aett: 1. Aett, Freyrs Aett – Kräfte des täglichen Lebens

Element: Feuer

Farbe: Orange

Mineral: Blutjaspis

Tier: Fuchs, Reiher

Baum: Haselnuss, Pinie, Kiefer

Pflanze: Schlüsselblume

Traditioneller Bezug: Fackel, Kienspan

Bedeutung der Rune

Aufmerksamkeit mit Klarheit, Wachheit, Wissen um sich selbst, Enthusiasmus, inneres Feuer, sexuelle Energie

KENAZ repräsentiert traditionell den Kienspan, die Beleuchtung aus alter Zeit. KENAZ steht somit für das Licht, das das Dunkle beleuchtet. Wie ein Parabolspiegel Strahlen im Brennpunkt konzentriert, bündelt diese Rune deine Aufmerksamkeit auf eine bestimmte Situation und bringt Klarheit. KENAZ steigert die eigene Energie und schenkt Lebensfreude, Kreativität und Antrieb, sich auf neue Dinge einzulassen. Durch diese

Klarheit erkennst du deine Motivation und erhältst tiefer gehendes Verständnis für dich selbst. Die Rune beleuchtet den Geist, führt auf den richtigen Weg und schenkt neue Einsichten. Die Kunst im Umgang mit KENAZ liegt in der Ausgewogenheit. Feuer kann wärmen, aber auch vernichten. Die wahre Klarheit liegt im Erkennen, wie viel Energie wann angebracht ist.

Blockierte Runenkraft

Setzt du die Kraft von KENAZ willkürlich und unkontrolliert ein, fällt es dir schwer, deine Aufmerksamkeit aufrechtzuhalten. Die Energie kann nicht mehr gebündelt werden und zerfließt ohne Wirkung. Deine Selbstwahrnehmung geht verloren und konzentrierte Aktionen geraten aus der Spur. Dadurch vergeudest du Zeit, ohne ein Ergebnis erreicht zu haben. Ein Mangel an KENAZ-Kraft führt zu Antriebslosigkeit. Dein Fokus wandert dann von dir selbst zu anderen und Probleme werden leicht auf Außenstehende projiziert.

Transformierende Kraft

KENAZ hilft dir, dein Feuer zu erforschen und ausgewogen einzusetzen. Die Rune lässt feurige Prozesse harmonisch ausklingen. Experimentiere mit KENAZ, und erkenne, wie du mit einem ausgewogenen Einsatz in allen Bereichen immer die richtige Menge Energie erzeugen kannst. Bei Andersweltreisen leuchtet KENAZ den Weg sicher aus.

LAGUZ ᛚ

Buchstabe:	L
Aett:	3. Aett, Tyrs Aett – der Mensch in seiner Entwicklung
Element:	Wasser
Farbe:	Blau
Mineral:	Opal, Perle
Tier:	Hase, Ente
Baum:	Eberesche, Weide
Pflanze:	Wilder Knoblauch
Traditioneller Bezug:	See, Ur-Meer

Bedeutung der Rune

mit dem Fluss des Lebens fließen, in Kontakt mit den Emotionen sein, Loslassen, Reinigung

LAGUZ schenkt dir die Leichtigkeit des Fließenlassens, wenn du bereit bist, dich dem Leben hinzugeben. Die Rune bringt dich in Kontakt mit deinen Emotionen und führt dich in Situationen, in denen emotionale Heilung möglich wird. LAGUZ macht dich offen für die intuitive Wahrnehmung und lässt dich verstehen, wie dein Unterbewusstsein arbeitet. Lässt du die intuitive Führung zu, wirst du unwiderruflich zum Ziel geführt. LAGUZ steht in Verbindung mit dem Ur-Meer und fordert dich dazu auf, Vertrauen in die Abläufe des Lebens zu haben und diese voller Hingabe in dein Leben zu integrieren. Der natürliche Fluss des Lebens strömt immer weiter, ob du dich ihm anvertraust oder nicht. Wenn du aber den Mut aufbringst, dich zu neuen Ufern treiben zu lassen, ist das der erste Schritt auf einer abenteuerlichen Reise zu deinem inneren Schatz. Was du bereit bist, zu erleben und zu lernen, wird sich dir dann zeigen und dir als Lehrer dienen.

Blockierte Runenkraft

Die Kraft von LAGUZ lässt sich nicht aufhalten, sie ist ständiges Fließen. LAGUZ sollte auch im freien Fluss bleiben, denn ist die Kraft der Rune z. B. durch zurückgehaltene Emotionen gestaut, wird sich ein so großer Druck aufbauen, dass die Blockade irgendwann von der Kraft brachial durchbrochen wird. Du kannst dir vorstellen, welche Auswirkungen solch ein Dammbruch haben wird. Du solltest LAGUZ also als Antrieb nutzen, um durch das eigene Leben zu segeln, und darauf zu vertrauen, dass mögliche Stromschnellen sicher umschifft werden. Alles andere führt leicht zu einer Art Kampf, den Kopf über Wasser halten zu wollen, anstatt sich hinzugeben und in die Tiefen hinabzutauchen.

Transformierende Kraft

LAGUZ heilt deine Verletzungen tief in deinem Unterbewusstsein. Die Rune führt dich zu deinen dunkelsten Schatten und zurück an die Oberfläche deines Lebensflusses. Um die Wirkung der LAGUZ-Rune in dein Leben zu holen, kannst du dich an ein fließendes Gewässer begeben und dort eine Weile dem Fluss zuschauen. Lasse deinen Gedanken freien Lauf. Emotionen, Erinnerungen, die hochkommen, dürfen sein. Stelle dir vor, wie diese auf kleinen Papierbooten dem Fluss übergeben werden und sich so aus deinem Leben verabschieden. Vielleicht magst du ja kleine Boote basteln und das, was du dem Fluss übergeben möchtest, auf die einzelnen Boote schreiben. Achte aber bitte auf umweltverträgliche Materialien. Wenn sich die Boote im Wasser auflösen, lösen sich gleichzeitig die alten Verletzungen auf.

MANNAZ ᛗ

Buchstabe:	M
Aett:	3. Aett, Tyrs Aett – der Mensch in seiner Entwicklung
Element:	Luft
Farbe:	Blau
Mineral:	Granat
Tier:	Widder, Schafbock, Meise
Baum:	Brombeerstrauch
Pflanze:	Maiglöckchen
Traditioneller Bezug:	Mensch

Bedeutung der Rune

Wahrnehmung; Bewusstsein dessen, was zu tun ist; harmonische Verbindung mit anderen Menschen

Bei der Kraft von MANNAZ dreht sich alles um den Menschen in Harmonie mit sich selbst und um seinen Platz in der Gemeinschaft. MANNAZ fördert gute und heilsame Beziehungen und unterstützt dabei, ein zufriedenes Mitglied in der Gesellschaft zu sein. Wirklich zufrieden kannst du allerdings nur sein, wenn du auch mit dir selbst zufrieden bist. MANNAZ hilft, Geist und Intuition zusammenzubringen und somit ein klares Gespür für deine eigene Vollkommenheit zu bekommen. Unter der Leitung dieser Rune entwickelt sich Toleranz für die Einzigartigkeit in einem jeden Menschen. Begrenzende Glaubensstrukturen weichen auf, sodass sie langfristig verschwinden können. MANNAZ lässt dich intuitiv die Ordnung innerhalb von Menschengruppen erkennen und hilft dir, deinen eigenen Platz zu finden. Indem deine Intuition gefördert wird, werden die subtilen zwischenmenschlichen Signale von dir eindeutig erkannt und führen zu aufbauenden Ereignissen und damit zu Freude für dich im Kreise deiner Mitmenschen.

Blockierte Runenkraft

Wenn die Kraft von MANNAZ blockiert ist, fällt es dir schwer, dich in Gruppen einzuordnen. Du treibst großen Aufwand, um Gründe für diese Unfähigkeit zu finden. Schuldzuweisungen und ein Mangel an Toleranz verhärten die Situation zusätzlich. Du fühlst dich dann entfremdet und nimmst nicht wahr, wie die inneren Zustände wirklich sind. Letztendlich läuft es darauf hinaus, dass sich Freundschaften und Beziehungen auflösen, und sich derartige Trennungen als selbsterfüllende Prophezeiung immer wiederholen.

Transformierende Kraft

MANNAZ spiegelt dir dein eigenes Ich. Beschäftige dich mit dir selbst, deinen Wünschen, deinen Fähigkeiten. Nicht auf der materiellen, sondern auf der zwischenmenschlichen Ebene. Was steht noch zwischen dir und der Erfüllung dieser Wünsche? Wie kannst du diese Hindernisse und Hemmnisse auflösen? Wer bist du wirklich, wenn du alle falschen Glaubenssätze über dich zur Seite schiebst? Traue dich, rufe MANNAZ, und schaue in den Spiegel.

NAUDHIZ ᚾ

Buchstabe:	N
Aett:	2. Aett, Odins Aett, HAGALAZ-Aett – Naturgewalten
Element:	Erde, Feuer
Farbe:	Grau
Mineral:	Bernstein
Tier:	Luchs, Dachs, Schnepfe
Baum:	Esche
Pflanze:	Vogelknöterich
Traditioneller Bezug:	die drei Nornen

Bedeutung der Rune

Not; Hilfe in der Not; Veränderungen durch Not; Bedürftigkeit; Manifestation dessen, was gebraucht wird

Not erzeugt bei den meisten Menschen sofort das Gefühl von Endzeitstimmung, Mangel und Unfähigkeit. NAUDHIZ sagt jedoch, dass eine Zeit kommen wird, in der du Knappheit erleben wirst, dieser Mangel dich aber dazu bringt, Änderungen anzustreben, die im Einklang mit dem stehen, was du wirklich benötigst. Oft entsteht das Gefühl einer Bedürftigkeit oder Not aus einem Vergleich mit deinen bisherigen Umständen oder mit deinem Umfeld. NAUDHIZ schiebt dich aus der negativen Gedankenspirale hinaus und schenkt dir die Motivation, Veränderung anzustreben. Die Rune fordert dich dazu heraus, über deine Begrenzungen hinauszuwachsen und dir zu gestatten, dass diese Not in Zufriedenheit gewandelt wird, die dir entspricht. NAUDHIZ befreit dich aus den Zwängen deines bisherigen Lebenskorsetts aus Erziehung, Lebensumfeld und bisherigen Erfahrungen. Beherrsche deine Gedanken, und lenke sie in die Manifestation dessen, was du wirklich brauchst. Rufe die drei Nornen URD, VERDANDI und SKULD an, und bitte um Führung und Hilfe, wenn du selbst nicht aus deinem Gedankenkreisel herausfindest. Du wirst Hilfe bekommen, wenn auch nicht immer laut und spektakulär.

Blockierte Runenkraft

Wenn du die aufräumende, ordnende Kraft von NAUDHIZ blockierst und versuchst, an etwas festzuhalten, wird sich eine Starre einstellen, die dich wie betäubt zurücklässt. Das Ego übernimmt dann die Führung und trübt die klare Sicht auf deine wahren Bedürfnisse. Dadurch kann die Chance zur Veränderung nicht mehr wahrgenommen werden. Es überwiegen die Argumente und Bedürfnisse des Egos. Niedergeschlagenheit und Hoffnungslosigkeit übernehmen die Regie.

Die wahren Bedürfnisse der Seele verschwimmen und werden überlagert. Dadurch bleiben der Mangel und die Bedürftigkeit im Blickfeld, und du verlierst die Hoffnung auf Entwicklung und Veränderung.

Transformierende Kraft

Überlege: Was bedeuten für dich Bedürftigkeit und Not? Nimm dir die Zeit zur Innenschau. Brauchst du wirklich Hilfe von außen? Wenn ja, dann rufe die Nornen, und bitte um Führung und Wandlung der Situation. Oder findest du selbst das Licht für den nächsten Schritt auf deinem Weg? Schaue in diesem Fall, was als Nächstes zu tun ist, und handle.

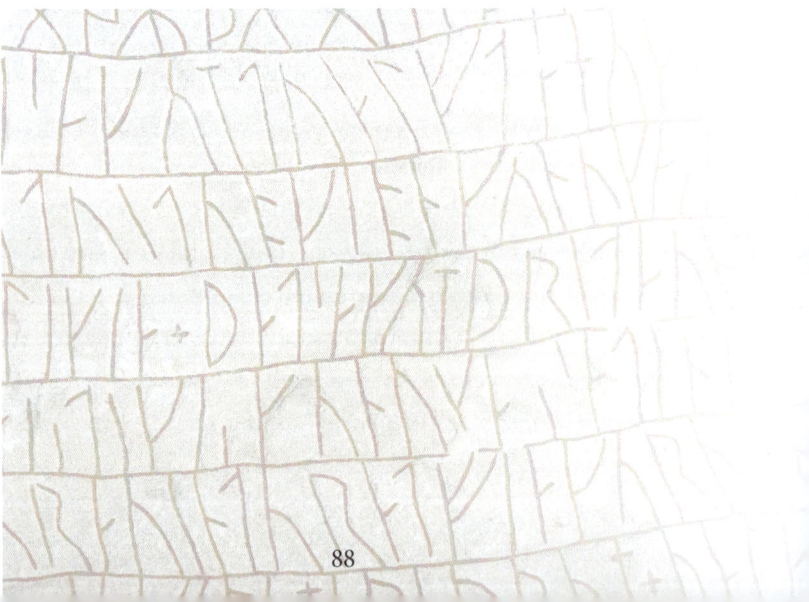

OTHALA ᛟ

Buchstabe:	O
Aett:	3. Aett, Tyrs Aett – der Mensch in seiner Entwicklung
Element:	Erde
Farbe:	Gelb
Mineral:	Amethyst
Tier:	Schlange, Kormoran
Baum:	Ginster
Pflanze:	Löwenzahn
Traditioneller Bezug:	Heimat, Heim, Ahnenkraft

Bedeutung der Rune

Ahnenkraft; ererbter, unbeweglicher Besitz; Erbe; Erbschaft; Wissen um das innere Umfeld

Bei OTHALA geht es um das Erbe, das du von deinen Vorfahren erhalten hast. Im Gegensatz zur Rune FEHU, die Geldfluss und bewegliches Gut mitbringt, ist OTHALA ein Zeichen für unbewegliche Güter wie Grundstücke und Gebäude. OTHALA verbindet dich auch mit den ideellen Geschenken deiner Vorfahren. Welche besonderen Fähigkeiten hast du von deinen Vorfahren erhalten? Was hat sie ausgezeichnet. In welchen

Spuren wandelst du? Jede Familie hat ihre positiven Aspekte. Manchmal sind sie nur ganz tief im Alltag vergraben. Mit der Kraft von OTHALA schaffst du dir ein stabiles und für dich stimmiges Zuhause. Deine Wurzeln sind in einem guten Nährboden verankert, auf dem du weiter aufbauen kannst. Deine Ahnen stärken dir den Rücken. OTHALA ist die letzte Rune im dritten Aett und damit auch die letzte Rune im Runenkreis. Als letzte Rune bringt sie auch die Vollendung deines Weges. Der Kreis ist vollzogen. Du bist angekommen in dir, hast die Lektionen der einzelnen Runen gelernt. Nutze diesen Moment, um eine Pause einzulegen und das Erlebte zu begreifen. Beginne dann von vorn, den Kreis der Runen von einer höheren Warte aus zu betrachten und zu erleben, in Verbindung mit deinem göttlichen inneren Funken und dem Wissen deiner Vorfahren. Deine Wurzeln sind kraftvoll, und dein Wissen stammt von der höchsten Quelle.

Blockierte Runenkraft

Eine blockierte und abgelehnte OTHALA-Kraft lässt dich glauben, von den vergangenen Erfahrungen überfordert worden zu sein. Lehnst du deine Herkunft, deine Vorfahren, deine Wurzeln ab, so lehnst du dich auch selbst ab. Erfahrungen von außen reißen dich aus deiner Mitte, du hast das Gefühl, instabil und ohne Rückhalt zu sein. Deinen Platz in deiner Familie empfindest du als für dich uneinnehmbar, wodurch mögliche

Familienprobleme übergroß erscheinen. Vermutlich hast du dadurch, dass du im Außen kein Heim findest, auch einen unbefriedigenden Kontakt zu deinem eigenen Körper. Dein Körper ist die Heimstatt deiner Seele. OTHALA hilft dir, diesen Körper wieder als sicheren Ort für dein Selbst anzunehmen. Da du dich nirgendwo beschützt fühlst, mag es sein, dass du dich überall in deiner Sicherheit bedroht fühlst und energisch und manchmal überzogen dein »Revier« verteidigst.

Transformierende Kraft

Jede Ahnenlinie hat positive wie negative Facetten. Mit welchen identifizierst du dich? Welche sind für dich wichtig? Wie lebst du die positiven Aspekte in deinem Leben in Bezug auf deine Mitmenschen aus? Erkenne, wie sich ein harmonisches Miteinander mit deinem Umfeld anfühlt und was du selbst dazu beitragen kannst, dass deine Sippe harmonisch und stabil durchs Leben geht.

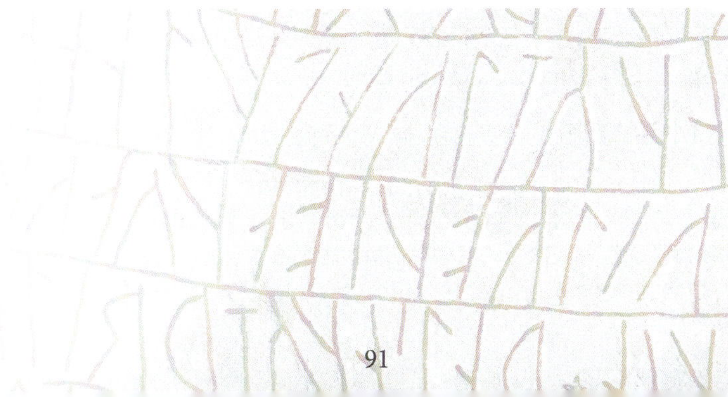

PERTHRO ᛈ

Buchstabe:	P
Aett:	2. Aett, Odins Aett, HAGALAZ-Aett – Naturgewalten
Element:	Wasser
Farbe:	Schwarz
Mineral:	Aquamarin
Tier:	Rabe, Frosch
Baum:	Schneeball
Pflanze:	Schafgarbe, Eisenhut
Traditioneller Bezug:	der kosmische Würfelbecher

Bedeutung der Rune

Chance, Chancen nutzen, Wahl, ans Netz von Wyrd angebunden sein

PERTHRO gilt als die Rune der Entscheidung. Sie ist der Würfelbecher, der dir dabei hilft, deinen Weg zu erkennen. Wie die Würfel fallen, so gestalten sich deine Möglichkeiten. Mit PERTHRO kommt die richtige Zeit, um Entscheidungen zu treffen und sich zeigende Chancen zu nutzen. PERTHRO steigert deine Fähigkeit, dich selbst zu erkennen, dein inneres Potenzial kommt hervor und wirkt sich positiv auf den gewählten Weg aus. PERTHRO birgt in seinem Würfelbecher das Wissen der alten Zeit, gespeichert im Netz von Wyrd. Verbindest du dich vor einer Entscheidung mit der Kraft von PERTHRO, wirst du von dem reichen Erfahrungsschatz aus alten Zeiten unterstützt werden. PERTHRO gilt als schicksalshafte Fügung. Die Rune lässt dich Ursache und Wirkung erkennen, was dich von Unsicherheit und Befangenheit befreit. Durch die Kraft von PERTHRO wird dir bewusst, was Schicksal bedeutet, ge woben von den drei Nornen. PERTRHO entlässt dich in die Freiheit, indem sie alte, überlieferte Glaubenssätze auflöst und Neues entstehen lässt. Sie schenkt dir den Mut, Entscheidungen zu treffen und sich ergebende Chancen zu nutzen.

Blockierte Runenkraft

Ist die Rune PERTHRO blockiert, fehlt dir der Mut, ins Leben zu springen. Aus deiner Sicht ist es nie der richtige Zeitpunkt für den nächsten Schritt, was letztendlich zu Einsamkeit und Resignation führt. Ursache und Wirkung werden verdreht, sodass dein Bild von deinem Umfeld mit seinen Aktionen von dir selbst völlig verfälscht wird.

Transformierende Kraft

PERTRHO mit seinem Kontakt zum Netz von Wyrd lässt dich Vergangenheit und Gegenwart begreifen. Du erkennst die Zusammenhänge und verstehst sie. Nutze die Stille, und begib dich in die Zeitlosigkeit des Lebensflusses. Welche Entwicklung verstehst du nicht? Wo bist du dir noch nicht über die Richtung im Klaren? Schreibe das Thema auf ein Blatt Papier, und male die Rune PERTHRO über das Geschriebene. Bitte zu diesem Thema um Klarheit. Meditiere dann darüber. Von der Kraft PETHROs geführt, wirst du erkennen, wo alles begann und wie es weitergehen kann. Dann entscheide dich für einen Weg.

RAIDHO ᚱ

Buchstabe:	R
Aett:	1. Aett, Freyrs Aett – Kräfte des täglichen Lebens
Element:	Luft
Farbe:	Rot
Mineral:	Malachit
Tier:	Pferd, Saatkrähe
Baum:	Holunder
Pflanze:	Beifuß
Traditioneller Bezug:	Rad, Sonnenwagen

Bedeutung der Rune

richtige Aktion zur rechten Zeit, Verantwortung, den Rhythmus des Lebens wahrnehmen

RAIDHO steht symbolisch für das Rad, die Bewegung, die Entwicklung. Bewegst du dich vorwärts, liegt es in deinen Händen, wie sicher dein Weg verlaufen wird. Dein Handeln bestimmt die Konsequenzen. RAIDHO unterstützt dich dabei, die richtigen Aktionen zur rechten Zeit durchzuführen. RAIDHO schenkt dir den Mut, zu handeln, denn sie gibt dir ebenfalls die Klarheit, wann etwas getan werden will oder nicht. Mit der Unterstützung von RAIDHO erkennst du den Rhythmus, der ganz natürlich in allem wirkt – auch in dir. So kannst du dein Handeln entsprechend anpassen, wodurch die Ergebnisse deiner Aktionen im Einklang mit dem Leben und zum Wohle aller Beteiligten sein werden.

Blockierte Runenkraft

Fließt die Kraft von RAIDHO nicht richtig, so wirst du alle Herausforderungen als negativ ansehen. Dir fehlt dann der Mut, Neuland zu betreten. Du wartest auf Aktionen deines Umfeldes, was dazu führt, dass du nur noch reagierst und nicht mehr deiner eigenen Führung folgst. Andere Menschen und Situationen bekommen Einfluss auf dein Leben, du bist nicht mehr frei in deinem Handeln und in deinen Entscheidungen.

Transformierende Kraft

RAIDHO ist der Wagen, der dich durch das Leben fährt. Du bestimmst, welche Richtung er einschlägt. In welchem Bereich gibst du immer noch die Führung ab? Wo fühlst du dich nicht ermächtigt und mutig genug, zu entscheiden und die Richtung vorzugeben? Das Rad dreht sich, ob du lenkst oder nicht. Wenn du eine für dich angenehme Richtung wünschst, dann übernimm das Steuer, und entscheide. Nutze die Rune RAIDHO auch als Schutzbringer bei Reisen, die auf Rädern erfolgt.

SOWILO ᛋ

Buchstabe:	S
Aett:	2. Aett, Odins Aett, HAGALAZ-Aett – Naturgewalten
Element:	Luft
Farbe:	Gold
Mineral:	Rubin
Tier:	Falke, Habicht
Baum:	Weide
Pflanze:	Kamille
Traditioneller Bezug:	Lebenskraft, Sonne

Bedeutung der Rune

Intention, Absicht im Einklang mit der Seele/dem Seelenselbst, Heilung, Motivation zur Veränderung

SOWILO steht in Verbindung mit der Sonnenkraft, der Leben spendenden Wärme und Energiequelle. So wirkt auch SOWILO in deinem Leben. Wenn du Antrieb brauchst oder deine Lebensenergie schwach ist, bekommst du mit SOWILO neuen Schwung. Dank der Rune findest du die Motivation, eindeutige Entscheidungen zu fällen. Mit der Kraft von SOWILO wird deine Absicht, den Wünschen und Zielen deines Seelenselbst zu entsprechen, von Erfolg gekrönt sein. Dein Handeln, deine Ziele führen zur Erfüllung deiner innersten Wünsche und Pläne. SOWILO animiert dich zu spontanen Aktionen, einer inneren Dynamik, die dich dazu ermutigt, erfolgreich zu sein. In SOWILO wirkt der Wille des Universums. Dieser Wille leitet dich im Einklang mit deinem Seelenselbst zu warmherzigem und großzügigem Handeln. Denn so, wie die Kraft und Wärme der Sonne den Menschen unerschöpflich erscheinen, so hilft dir ihre Strahlkraft, ein lebendiges Leben zu führen und dich motiviert auf Veränderungen einzulassen. Mit der Kraft der Rune ist gutes Gelingen für alle Arten von Aktivitäten angesagt.

Blockierte Runenkraft

Ohne die Kraft der Rune SOWILO könnte dein Energieniveau sehr niedrig sein, was dazu führt, dass du keine Motivation zur Veränderung aufbringen kannst. Alles muss hart erarbeitet werden, nichts fließt automatisch. Aus dieser Stimmung heraus fehlt dir der Wille, Heilung zuzulassen. Oft wird der Kontakt zu der äußeren Führung abgelehnt. Aus dem Antrieb heraus, alles aus eigener Kraft hart erarbeiten zu müssen, könntest du im schlimmsten Fall verhärmen, vom Leben enttäuscht sein und deine Herzenswärme verlieren.

Transformierende Kraft

SOWILO weckt die Lebenskraft in der Wirbelsäule. Stelle dich im Sonnenlicht aufrecht mit erhobenen Armen hin, und fühle, wie die Sonnenkraft durch dich hindurchfließt. Wenn du magst, bewege sanft deine Hüften und deine Wirbelsäule. Regelmäßige Übungen mit der Rune SOWILO machen beweglich, tauen auf und bringen Lebendigkeit. Die leuchtenden Strahlen der Sonne in SOWILO lassen dich deine Schatten erkennen und helfen dir, diese zu wandeln.

THURISAZ ᚦ

Buchstabe: TH

Aett: 1. Aett, Freyrs Aett – Kräfte des täglichen Lebens

Element: Feuer

Farbe: Rot

Mineral: Beryll

Tier: Ziege, Drossel

Baum: Wilde Rose, Schlehdorn/ Schwarzdorn

Pflanze: Lauch, Porree

Traditioneller Bezug: Thors Hammer, Dorn, Riese

Bedeutung der Rune

Aktion, grenzenlose Energie, hohes Energieniveau, Wandlungsenergie, männliche Sexualität, gute Zeit für Aktionen

THURISAZ ist reine unkontrollierte Energie aus sich selbst heraus, vergleichbar mit dem hüpfenden Stampfer aus dem Straßenbau. Wenn man diesen Stampfer nicht mit klarer Absicht führt, trifft er den Fuß. THURISAZ wirkt auf die gleiche Weise. Sie liefert Energie, ohne darauf zu achten, was diese

Energie anrichtet. Sie wertet nicht. THURISAZ liefert, ohne zu fragen. Auf die gleiche Weise, wie ich ein Messer entweder zum Kuchenzerteilen oder zum Töten nutzen kann, kann die THURISAZ-Energie förderlich oder auch verletzend sein. Die Energie der Rune ist ohne Struktur, ohne Einfärbung, einfach reine Energie, die in einem Maximum zur Verfügung steht. Diese Menge an Energie spiegelt dir sehr schnell, wie gut du mit Kraft umgehen kannst, und zeigt dir deine Schwächen und Stärken auf. Du kannst die Energie von THURISAZ bei allen Unternehmungen nutzen, bei denen du Ausdauer brauchst. Unter dem Einfluss von THURISAZ herrscht immer eine gute Zeit für Aktionen. THURISAZ liefert dir Kraft ohne Unterlass. Bedenke, dass die Rune, bleibt sie ungenutzt und ohne Lenkung, dir auch schon einmal auf die Füße tritt und dich daran erinnert, dass du aufstehen und handeln solltest. Durch ihre brachiale Kraft lenkt sie immer wieder deine Aufmerksamkeit in die Mitte des Geschehens, dahin, wo THURISAZ gerade wirkt.

Blockierte Runenkraft

Wenn du die Kraft von THURISAZ nicht zulassen willst und verneinst, werden deine Aktivitäten willkürlich und ohne wirkliche Substanz verlaufen. Auch wenn du diese Energie verdrängst, wird sie trotzdem ihre Impulse in dein Leben schicken, was bei dir sehr leicht das Gefühl von drohender Zerstörung erzeugt. Diese vermeintliche Gefahr verleitet dich dazu, überall im Außen Angriffe und Kämpfe zu sehen, was wiederum zu Aggressivität führt.

Transformierende Kraft

Nutze die Energie von THURISAZ als Schutzschild. Visualisiere oder male die THURISAZ-Rune an die Außenwände deines Zuhauses, und halte damit störende Einflüsse fern. THURISAZ hat die Form einer Axt, sie trennt oder zerstört, was dich bedrängt, und hilft dir dabei, das loszulassen, was deine Entwicklung einschränkt. Nutze die Kraft von THURISAZ für Aktionen, die von dir Konzentration und Ausdauer benötigen.

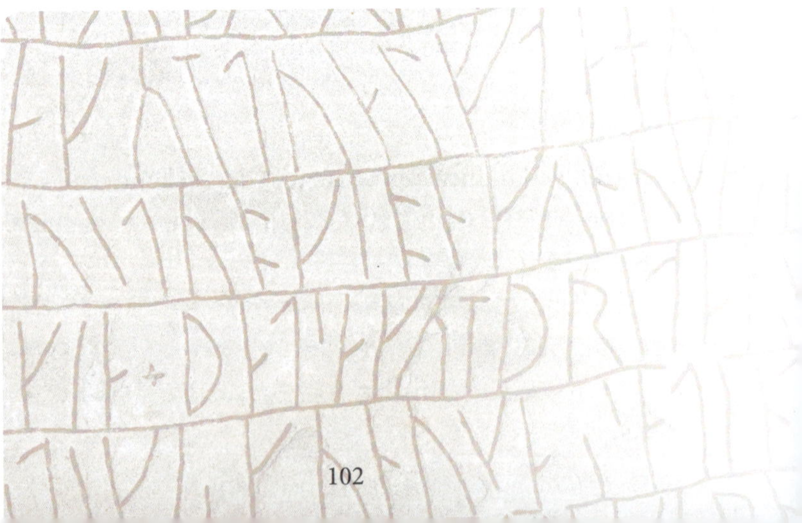

TIWAZ ↑

Buchstabe:	T
Aett:	3. Aett, Tyrs Aett – der Mensch in seiner Entwicklung
Element:	Luft
Farbe:	Rot
Mineral:	Koralle
Tier:	Wolf, Star
Baum:	Stechpalme
Pflanze:	Eisenhut
Traditioneller Bezug:	Pfeil, Speer

Bedeutung der Rune

Zusage, Einverständnis, Verbindlichkeit, göttlicher Wille, gerechter Ausgleich

TIWAZ ist die Rune des aufrichtigen Menschen, der klar weiß, was er will. Verbindlich sagt er zu, und darauf kann man sich auch verlassen. Die Rune TIWAZ hilft dir, klar zu erkennen, welches Ziel du erreichen willst. Welche Menschen sollen dich begleiten? Für wen willst du da sein? TIWAZ leistet dir Unterstützung beim Erkennen der Strukturen, die um dich herum wirken. Wenn du einem aufrichtigen und loyalen Krieger gleich aus der Klarheit heraus entscheidest, dann verläuft dein Weg im Einklang mit der kosmischen Ordnung. Du wirst Ausgleich und Gerechtigkeit erleben und dich in den Fluss des Lebens eingebettet fühlen. Da du deinem Herzenspfeil, deinem eigenen Weg, folgst, kannst du dem, was du erlebst, aus vollem Herzen zustimmen. Was du aussendest, kommt zurück. Mit dieser Aufrichtigkeit wirst du ebenfalls aufrichtige Menschen anziehen, die gern mit dir zusammen an den gemeinsamen Zielen arbeiten.

Blockierte Runenkraft

Wenn du einem Vorgehen nicht zustimmen kannst und es trotzdem tust, hat dein Ego keinen Vergleich, keinen Anhaltspunkt, wie es richtig entscheiden sollte. Es wird aus den bisherigen Lebenserfahrungen heraus Entscheidungen entwickeln. Diese stehen jedoch nicht in Verbindung mit dem Rhythmus des Lebens, denn die Führung der TIWAZ-Rune fehlt. Du weißt nicht, wann es Zeit ist, zu warten oder zu handeln. Daraus entsteht blinder Aktionismus, der zu keinen Entscheidungen führt, denen dein Herz zustimmen kann.

Transformierende Kraft

TIWAZ hilft dir in Zeiten der Unsicherheit oder des Streits, die richtige Richtung zu finden, um an eine für dich annehmbare Lösung zu gelangen. Durch die Energie von TIWAZ lernst du, für die gerechte Ordnung einzustehen und deinen Standpunkt zu halten. Stelle dich unter freiem Himmel hin, und nimm mit deinem Körper die Form der TIWAZ-Rune ein. Atme tief ein, und fühle, wie dich TIWAZ wieder aufrichtet, sodass du aus vollem Herzen zu deinen Entscheidungen stehen kannst.

URUZ ᚢ

Buchstabe:	U
Aett:	1. Aett, Freyrs Aett – Kräfte des täglichen Lebens
Element:	Erde
Farbe:	Dunkelgrün
Mineral:	Bernstein
Tier:	Ochse, Lerche
Baum:	Heidekraut
Pflanze:	Nessel
Traditioneller Bezug:	Rind, Ur, Ochse

Bedeutung der Rune

Sicherheit, Erdung, stabile Basis, Ur-Essenz, Kraft zur Manifestation, Formgebung

Die Kraft von URUZ schenkt dir Erdung, einen stabilen Stand. Aus dieser sicheren Basis heraus findest du die Kraft, am Leben mit all seinen Auswirkungen teilzunehmen. Du hast einen gesunden Startpunkt und bist in der Lage, neue Wagnisse sicheren Schrittes anzugehen. URUZ ist die Kraft, die Materie entstehen lässt. Mit der Hilfe von URUZ kannst du dir das im Leben manifestieren, was du wirklich brauchst. Die Kraft der

Manifestation kann sich sogar positiv auf deinen Kontostand auswirken, denn URUZ erzeugt Sicherheit, und wenn du diese durch ein gut gefülltes Bankkonto erreichst, wird URUZ dafür sorgen. Erforsche deine Ahnen, und erkenne deine Wurzeln durch die Kraft von URUZ. Auf diese Weise wirst du ein stabiles Bindeglied zwischen dem, was war, und dem Jetzt, aus dem die Zukunft erwächst. Auf diese Weise erkennst du die Ursache für Verletzungen in der Vergangenheit und kannst Heilung zulassen. URUZ mit seiner Ur-Essenz des Lebens hilft dir, mit beiden Beinen fest im Leben zu stehen. URUZ schenkt dir eine gute Gesundheit mit viel Vitalität, sodass neue Projekte mit Neugierde begonnen werden können.

Blockierte Runenkraft

Ist die URUZ-Kraft blockiert, fehlt es dir an Konzentration und Zusammenhalt. Deine Gedanken können sich nicht auf das Wichtige konzentrieren. Neue Projekte finden keine klare Struktur. Durch den mangelnden Kontakt zur Erde fehlt es an der nötigen Kraft und Durchsetzung. Oft geht dies mit schlechter Kondition und mangelnden Abwehrkräften einher, da die Einbettung in die kosmischen Energien abgeschnitten ist und alles selbst erarbeitet werden muss.

Transformierende Kraft

URUZ verbindet dich mit deinen Trieben und deinem Wurzelchakra. Wenn dir Tausende Gedanken durch den Kopf schießen und dich verunsichern, verbinde dich mit der Kraft von URUZ, und lasse die daraus entstehende ausgleichende Erdung zu. URUZ schützt durch die Erdung vor übertriebener Aggression aus angestauter Energie. Gleichzeitig hilft dir die Rune dabei, deinen Weg klar zu erkennen und sicheren Schritts zu gehen.

WUNJO ᚹ

Buchstabe:	W
Aett:	1. Aett, Freyrs Aett – Kräfte des täglichen Lebens
Element:	Luft
Farbe:	Goldgelb
Mineral:	Rubin
Tier:	Delfin, Rotkehlchen
Baum:	Esche
Pflanze:	Pilze, halluzinogene Pilze
Traditioneller Bezug:	Fahne, Stammesfahne

Bedeutung der Rune

Ekstase, Freude, Harmonie, Liebe, Zuneigung und Gunst anderen und sich selbst gegenüber

WUNJO braucht keinen Grund, um dich unbegrenzte, ekstatische Freude erleben zu lassen. Die Rune schenkt dir Freude – einfach so aus sich selbst heraus. Wenn du dich mit WUNJO verbindest, ändert sich deine Einstellung deinen Mitmenschen und deinem Leben gegenüber. Es ist dann Raum für Liebe, Harmonie und Zuneigung. Dich wird das richtige Gefühl für das Gleichgewicht im Leben erfüllen und lenken. Du wirst die Freunde anziehen, die dich harmonisch begleiten. Daraus entsteht ein Kreis guter Weggefährten, deine neue Sippe. Die Leichtigkeit von WUNJO wird dir dabei helfen, alle belastenden Erfahrungen abzulegen und dich der reinen Freude zu öffnen.

Blockierte Runenkraft

Lässt du die Kraft von WUNJO erstarren bzw. blockieren, wirst du alles durch die Brille des Kummers betrachten. Du fühlst dich unglücklich, wodurch am Ende regelrecht Gefühle der Feindschaft deinen Mitmenschen und dir selbst gegenüber entstehen können. Die Freude anderer Menschen wird dich stören und langweilen. Denn durch deinen eigenen Mangel muss dein Ego eine Erklärung dafür konstruieren, was zu einer negativen Bewertung der Freude anderer führen wird. Ohne WUNJOs Kraft wirst du dich in dein Schneckenhaus zurückziehen und dich vom Fluss der Gefühle abschneiden, um den Schmerz des Mangels nicht wahrnehmen zu müssen.

Transformierende Kraft

Mit der Unterstützung der WUNJO-Rune werden deine emotionalen Mauern zusammenbrechen und du dich nach und nach für das Miteinander öffnen. Durch WUNJO erkennst du, wo du noch Leid, Mangel und Traurigkeit in deinem Leben zulässt und in welchen Bereichen du deine Stimmung hinunterziehst. Befreie dich mithilfe von WUNJO, und erlebe diese ekstatische Freude, die einfach aus sich selbst heraus entsteht. Genieße die Fröhlichkeit, und lade damit gleichgesinnte Menschen ein, diese Lebendigkeit mit dir gemeinsam zu erleben.

BEISPIELNAMEN

und wie Kosenamen und Kurzformen die Energie verändern

Du hast jetzt einen Überblick über die vielen Facetten der einzelnen Runen erhalten und gezeigt bekommen, wie die Runen verschiedene Lebensbereiche abdecken. Anhand deines eigenen Namens hast du erkennen können, wie sich durch die Buchstabenkombinationen deines Namens die unterstützenden Runenkräfte auswirken. Was geschieht nun, wenn Namen gekürzt oder Koseformen genutzt werden? Im Folgenden zeige ich dir ein paar Beispiele auf, wie sich durch Namensänderungen auch die Lebenseinflüsse verändern.

Alexander – Alex

Die Namen »Alexander« und »Alex« weisen eine Besonderheit auf: Für das X gibt es keine Rune. Da die Namen entsprechend den gesprochenen Buchstaben analysiert werden, kommt hier die Kombination KS zum Tragen.

Alexander (Alek *sa* nder)

Der erste Teil des Namens baut die Energie auf:

ANSUZ	Kommunikation
LAGUZ	mit dem Fluss des Lebens fließen
EHWAZ	heilsame Beziehungen
KENAZ	Aufmerksamkeit mit Klarheit

Die Lebensachse/Mittelachse bringt die Stabilität:

SOWILO	Intention, Absicht im Einklang mit der Seele
ANSUZ	Kommunikation

Der zweite Teil des Namens bringt die Energie in die Welt:

NAUDHIZ	Not, Hilfe in der Not
DAGAZ	Erleuchtung, höheres Wissen, Kommunikation mit der höchsten Quelle und Anbindung an diese
EHWAZ	heilsame Beziehungen
RAIDHO	richtige Aktion zur rechten Zeit, Verantwortung

Alexander baut seine Lebensenergie über die Kunst der Kommunikation (ANSUZ) auf. Der Austausch über die Sprache stellt ihm ganz viel Energie zur Verfügung. Diese Energie ist fließend (LAGUZ) und nicht starr. EHWAZ schenkt ihm die guten und harmonischen Beziehungen, die er für seinen Austausch braucht. Die Rune KENAZ, die die erste Hälfte seines Namens beendet, lässt ihn mit Aufmerksamkeit und Klarheit die Zusammenhänge erkennen, denn durch die Runenenergie von KENAZ wird Alexander das Prinzip von Ursache und Wirkung, das in allen Abläufen wirkt, bewusst. KENAZ befeuert seine Kreativität und seinen Enthusiasmus, um Pläne in seinem Leben in Angriff zu nehmen und Negativität ins Positive zu wandeln. Alexander baut somit seine Lebenskraft über die harmonische Kommunikation mit seiner Umwelt und mit den geistigen Reichen auf. Diese Energie kann er, unterstützt durch LAGUZ, gut in viele Bereiche einbringen. Seine gute Wahrnehmung durch KENAZ liefert ihm das Feuer der Inspiration.

Alexanders Lebensachse wird durch die beiden Runen SOWILO (Absicht im Einklang mit der Seele) und ANSUZ (Kommunikation) bestimmt (siehe Alek *sa* nder). Um das durch seinen Namen unterstützte Potenzial voll auszuschöpfen, sollte er bei all seinen Handlungen und Entscheidungen darauf achten, dass diese im Einklang mit den Wünschen seiner Seele sind. Grundsätzlich sollte dies jeder Mensch tun, bei Alexander aber steht dieser Aspekt im Mittelpunkt seines Lebens. Das setzt voraus, dass er die Stimme seiner eigenen Seele auch vernimmt. Unterstützt wird Alexander dabei zusätzlich von seiner zweiten Mittelpunktsrune ANSUZ (Kommunikation), die ihm den Kontakt zu den geistigen Reichen vereinfacht.

ANSUZ hilft ihm ebenso dabei, eine gesunde Kommunikation mit seinen Mitmenschen aufrechtzuerhalten.
Die zweite Hälfte seines Namens rechts der Mittelrunen (nder) beginnt mit dem Buchstaben N, und dieser steht für die Kraft der Rune NAUDHIZ (Not, Hilfe in der Not). NAUDHIZ gibt den Impuls zur Veränderung, weil Altes, Not-Erzeugendes überholt ist und gehen sollte. In Kombination mit dem nachfolgenden Buchstaben D (DAGAZ – Erleuchtung, höheres Wissen, Kommunikation mit der höchsten Quelle und Anbindung an diese) wird Alexander durch seinen Kontakt mit der Geistigen Welt auf jeden Fall immer Hilfe in Notlagen bekommen. Er muss nur darum bitten, denn mystischen Lehren zufolge wartet die Hilfe darauf, hereingebeten zu werden, sie greift nicht ungebeten ein. Der Buchstabe E (EHWAZ – heilsame Beziehungen) wiederholt sich im zweiten Teil seines Namens und verstärkt noch einmal Alexanders Fähigkeit, harmonische und gesunde Beziehungen aufzubauen, und durch den Buchstaben R (RAIDHO – richtige Aktion zur rechten Zeit, Verantwortung) weiß er, was er wann zu tun hat.

Alex (Al *e* ks)
Der erste Teil des Namens baut die Energie auf:

ANSUZ	Kommunikation
LAGUZ	mit dem Fluss des Lebens fließen

Die Lebensachse/Mittelachse bringt die Stabilität:

EHWAZ heilsame Beziehungen

Der zweite Teil des Namens bringt die Energie in die Welt:

KENAZ Aufmerksamkeit mit Klarheit

SOWILO Absicht im Einklang mit der Seele

Wenn wir nun die Namen »Alexander« (Alek *sa* nder) und »Alex« (Al *e* ks) miteinander vergleichen, so sind alle Runen von Alex in Alexander enthalten. Man könnte glauben, dass sich Alex »lediglich« um die Kräfte der rechten Namenshälfte beschneidet. Dieses Beschneiden bewahrt ihn zwar vor der Kraft von NAUDHIZ (Not, Hilfe in der Not), bietet ihm aber auch keine Unterstützung im Bereich der Kommunikation mit dem Göttlichen (DAGAZ) und entzieht ihm die Fähigkeit, sehr genau zu wissen, wann was zu tun ist (RAIDHO).

Aber noch etwas Wichtiges unterscheidet die Lebensfelder von Alexander und Alex. Das Lebensfeld, der Mittelpunkt, verschiebt sich bei Alex. Während Alexander seine Kraft und Stabilität aus dem Handeln im Einklang mit seiner Seele (SOWILO) und der Kommunikation (ANSUZ) zieht, fokussiert sich Alex' Lebensmittelpunkt auf harmonische Beziehungen (EHWAZ). Alexander findet Stabilität in seinem Leben durch seinen Platz zwischen Himmel und Erde, während Alex sie durch seinen Platz in der Gemeinschaft der Menschen gewinnt.

Christopher – Christoph – Chris

Christopher (Cris *t* ofer)

Bei dem Namen »Christopher« wirkt das H still im Hintergrund und wird bei der Berechnung des Mittelpunktes ausgelassen. Das PH wird wie ein F gesprochen und damit als F (FEHU) gedeutet.

Der erste Teil des Namens baut die Energie auf:

KENAZ	Aufmerksamkeit mit Klarheit
(HAGALAZ	plötzliche Veränderung durch Verlust (von außen kommend))
RAIDHO	richtige Aktion zur rechten Zeit, Verantwortung
ISA	im Moment sein, Stillstand, Fokussierung auf einen Punkt
SOWILO	Intention, Absicht im Einklang mit der Seele

Die Lebensachse/Mittelachse bringt die Stabilität:

TIWAZ	Zusage, Verbindlichkeit, kosmisches Gesetz

Der zweite Teil des Namens bringt die Energie in die Welt:

OTHALA	Erbe, Erbschaft, Ahnenkraft
FEHU	Erfüllung im Leben, Geldfluss
EHWAZ	heilsame Beziehungen
RAIDHO	richtige Aktion zur rechten Zeit, Verantwortlichkeit

Für das Festlegen der Lebensachse, dem Schwungrad der Lebensenergie, wird bei Christopher das H (HAGALAZ) nicht berücksichtigt, da es beim Sprechen des Namens nicht gehört wird. HAGALAZ wirkt bei Christopher still im Hintergrund. Das heißt, die Rune hat einen Anteil an seinem Leben, arbeitet jedoch nur »in zweiter Reihe«.

Christophers Name beginnt mit der Kraft von KENAZ. Diese schärft seine Aufmerksamkeit und Klarheit, sodass er ein gutes Gespür für das hat, was gerade wirkt, und lässt ihn alle möglichen Zusammenhänge im Leben erkennen. Die »stille« Rune HAGALAZ macht ihm dafür den Weg frei, indem sie alles fortnimmt, was nicht mehr zu ihm gehört. Da HAGALAZ bei Christopher im Hintergrund wirkt, zeigt sich bei ihm die übliche abrupte Veränderung durch HAGALAZ sanfter und nicht ganz so plötzlich und endgültig. RAIDHO führt ihn zu der richtigen Aktion zur rechten Zeit. Um diesen Zeitpunkt auch wahrnehmen zu können, unterstützt ihn ISA dabei, im Hier und Jetzt aufmerksam zu sein. SOWILO wiederum ergänzt sein Handeln mit der richtigen Absicht, damit dieses im Einklang mit den Plänen seines Seelenselbst geschieht.

Christophers Mittelachse wird von der Energie von TIWAZ – Zusage, Verbindlichkeit – genährt. Wenn Christopher aus vollem Herzen und voller Überzeugung zu etwas zustimmt, wird er sich daran auch halten. Darauf kann man sich verlassen.

Die Stabilität von TIWAZ als Lebensachse in Verbindung mit der klaren Ausrichtung in seinem Handeln aus dem ersten Teil seines Namens lässt die aufgebaute Energie locker und stabil ins Leben fließen. Die Kraft seiner Ahnen und die Fähigkeit, aus alten Erfahrungen zu lernen (OTHALA), lässt ihn nach Erfüllung streben (FEHU). Sein Handeln wird immer darauf ausgerichtet sein, nur das zu tun, was seine Herzensfreude unterstützt. Durch all seine Aktivität und seine ihm zur Verfügung stehende Energie entwickelt er letztlich gesunde und heilsame Beziehungen (EHWAZ). Er bringt Dinge zusammen und baut Vertrauen ins Leben auf. Zum Abschluss bekommt sein Lebensschwungrad durch RAIDHO wieder den Impuls, die richtige Aktion zur rechten Zeit auszuführen, und er übernimmt die Verantwortung für seine Entscheidungen, um mit frischem Enthusiasmus die nächste Runde des Schwungrades zu drehen.

Christoph/Kristof (Cri *s* tof)

Die Namen Christoph und Kristof haben eine unterschiedliche Schreibweise und erscheinen dem Betrachter wie zwei eigenständige Namen. Und doch wirken in ihnen die identischen Runenkräfte, weshalb sie hier als Beispiel zusammen aufgeführt sind. Bei Christoph wirkt das H zusätzlich still im Hintergrund und wird bei der Berechnung des Mittelpunktes ausgelassen. Das PH wird wie F gesprochen und als FEHU gedeutet. Somit ergeben sich für beide Namen die folgenden Runen.

Der erste Teil des Namens baut die Energie auf:

KENAZ	Aufmerksamkeit mit Klarheit
(HAGALAZ	plötzliche Veränderung durch Verlust (von außen kommend))
RAIDHO	richtige Aktion zur rechten Zeit, Verantwortung
ISA	im Moment sein, Stillstand, Fokussierung auf einen Punkt

Die Lebensachse/Mittelachse bringt die Stabilität:

SOWILO	Absicht im Einklang mit der Seele, gutes Energielevel

Der zweite Teil des Namens bringt die Energie in die Welt:

TIWAZ	Zusage, Verbindlichkeit, kosmisches Gesetz
OTHALA	Erbe, Erbschaft, Ahnenkraft
FEHU	Erfüllung, Geldfluss

Christoph/Kristof hat sehr viele Einflüsse mit Christopher gemeinsam. Alle drei Namen bauen ihre Energie sehr ähnlich auf (siehe Teil 1 der Namen).

Die Stabilität im Leben (Mittelachse) von Christoph/Kristof verschiebt sich jedoch von TIWAZ (Zusage) zu SOWILO (Absicht im Einklang mit der Seele). Während Christopher sehr mit seiner Umgebung und seinen Mitmenschen agiert, ist Christophs/Kristofs Lebensmittelpunkt verbunden mit den Bedürfnissen seines Seelenselbst (SOWILO), somit weggewandt von der Allgemeinheit und fokussiert auf sich selbst. Bei der Art und Weise, wie diese Energie ins Leben gebracht wird, ist auch Christoph/Kristof verlässlich, wenn er sich zu etwas entschieden hat (TIWAZ), und dank der überlieferten und vererbten Kraft der Ahnen (OTHALA) hat er ausreichend Rückhalt, um sich zu orientieren, was ihm Erfüllung bringt (FEHU). Dieses erarbeitete Potenzial durch den Kontakt zu den Mitmenschen (EHWAZ – heilsamen Beziehungen) und durch die klare Erkenntnis, wann zu handeln und wann zu warten ist (RAIDHO – richtige Aktion zur rechten Zeit), freizusetzen, fehlt aber beiden Namen (Christoph/Kristof). Gerade in dem Bereich, wo wir mit unserer Außenwelt im Austausch sind, wo die Energie ins Leben fließt, richtet Christoph bzw. Kristof seine Aufmerksamkeit auf sich selbst.

Chris (C *ri* s)

Bei Chris wirkt das H wieder still im Hintergrund und wird bei der Berechnung des Mittelpunktes ausgelassen.

Der erste Teil des Namens baut die Energie auf:

KENAZ	Aufmerksamkeit mit Klarheit, Enthusiasmus
(HAGALAZ	abrupte, positive Veränderung durch Verlust, Durchbruch)

Die Lebensachse/Mittelachse bringt die Stabilität:

RAIDHO	richtige Aktion zur rechten Zeit, Verantwortung
ISA	im Moment sein, Stillstand, Fokussierung auf einen Punkt

Der zweite Teil des Namens bringt die Energie in die Welt:

SOWILO	Intention, Absicht im Einklang mit der Seele

Chris baut wie auch schon seine Namensvettern die Energie mit KENAZ (Aufmerksamkeit mit Klarheit) auf. Dies ist seine einzige Unterstützungsenergie. Sie bringt ihm die Begeisterung und Energie für den Aufbruch, versieht ihn aber auch mit dem Weitblick und der Klarheit für das, was um ihn herum wirkt. Die im Hintergrund agierende Rune HAGALAZ befreit ihn von allem, was ihm dabei im Weg steht und ihn belastet. Dies mag manchmal aufgrund der brachialen und plötzlich eintretenden Wirkung von HAGALAZ zu Ängsten führen, da aber auch bei Chris das H (HAGALAZ) nicht gesprochen wird und deshalb sanft im Hintergrund wirkt, findet dieses Entfernen von allem, was seinen Weg behindert, sanft und langsamer statt. Im Grunde seines Herzens weiß Chris, dass HAGALAZ ihn immer von Ballast befreien wird, er muss dieser Entwicklung aber auch zustimmen.

Die erste Rune seines Lebensmittelpunktes (RAIDHO) lässt Chris wahrnehmen, was zu tun ist und wann der richtige Zeitpunkt dafür ist. Er übernimmt die Verantwortung für seine Entscheidungen. Aus dieser klaren Wahrnehmung heraus behält er die Stabilität in seinem Leben. Chris ist kein spontaner und unbesonnener Akteur, er weiß, wann er aktiv werden muss und womit.

ISA, seine zweite Lebensradrune, lässt ihn im Moment verharren und alle Einflüsse wahrnehmen. Wenn Chris es schafft, diese Spannung zwischen Handeln (RAIDHO) und Sein (ISA) zu überwinden und beide Aspekte harmonisch miteinander zu verbinden, ist sein Tun von Sicherheit und Effektivität geprägt.

Die aufgebaute Energie, die Chris geliefert bekommt, fließt aktiv in seinem Leben unter der Führung seiner Seele (SOWILO). Chris sollte sich bei jeder Entscheidung immer fragen, ob ihm diese Entscheidung guttut und wirklich im Einklang mit dem ist, was er sich als Seele für dieses Leben ausgesucht hat, also, ob dies im Einklang mit seinen Plänen steht. Wenn nicht, ist es für ihn angebracht, sich zurückzuziehen und um Klärung und Anleitung zu bitten. Dabei unterstützt ihn ebenfalls RAIDHO. Andernfalls würde bei Chris die Tendenz bestehen, dass aus dem intensiven Fokus auf das Handeln eine Eigendynamik entsteht, die ihn an sich selbst vorbei handeln lässt.

Die Runen im Namen von Chris schenken Bewegungsenergie auf allen Ebenen, denn KENAZ, RAIDHO und SOWILO liefern aktive Energie zum Handeln. Wenn Chris die ruhende Kraft von ISA (im Moment sein, Stillstand, Fokussierung auf einen Punkt) beachtet, hat er ein stabiles Fundament für seine Aktionen.

Betrachten wir die Namen »Christopher«, »Christoph« und »Kristof« im Vergleich, fällt auf, dass sie sehr viele Gemeinsamkeiten in der Art, wie sie Energie aufbauen und wie sie diese in ihrem Leben nutzen, aufweisen. Der gravierende Unterschied zwischen diesen Dreien liegt in der Ausrichtung von Christophs/Kristofs Lebensweg. Dieser ist stark mit dem Bedürfnis verbunden, sich selbst und sein Inneres zu erkennen und sich selbst zu finden (SOWILO). In welchen Bereichen und auf welche Weise kann sich Christoph/Kristof in diesem Gefüge leiten lassen? Die Antwort: Er muss einfach auf die Bedürfnisse seines Seelenselbst hören und sich davon leiten lassen. Er handelt dann im Einklang mit dem, was er erfährt. Schafft es Christoph/Kristof, sich selbst und seine innersten Bedürfnisse zu erkennen, wird er in sich ruhen können und daraus Stabilität für sein Leben finden. Christophers Ausrichtung liegt zusätzlich auf der Kraft heilsamer Beziehungen (EHWAZ), er ist gern und erfolgreich mit Menschen im Austausch, wobei er ein gutes Gespür für Aktion und Ruhe hat (RAIDHO).

Chris hingegen lebt, was gerade in sein Leben gespült wird und beobachtet die Zeichen, um zu erkennen, was gerade zu tun ist. Er wirkt zwar inmitten der menschlichen Gemeinschaft, seinen Antrieb für Entscheidungen zieht er aber ausschließlich aus seiner eigenen Wahrheit heraus.

Gabriele – Gabi – Gaby

Gabriele (Gab *ri* ele)

Der erste Teil des Namens baut die Energie auf:

GEBO	ausgeglichenes Geben und Nehmen, Einheit
ANSUZ	Kommunikation
BERKANA	Nahrung, Geburt neuer Ideen, Selbstliebe

Die Lebensachse/Mittelachse bringt die Stabilität:

RAIDHO	richtige Aktion zur rechten Zeit, Verantwortung
ISA	im Moment sein, Stillstand, Fokussierung auf einen Punkt

Der zweite Teil des Namens bringt die Energie in die Welt:

EHWAZ heilsame Beziehungen
LAGUZ mit dem Fluss des Lebens fließen
EHWAZ heilsame Beziehungen

Aufgebaut wird die Energie durch einen gleichwertigen Ausgleich zwischen Geben und Nehmen (GEBO). Berücksichtigt Gabriele diese Balance, wird sie immer ausreichend versorgt sein. Über die harmonische Kommunikation (ANSUZ) – auch mit der Geistigen Welt – kommt sie zu den richtigen Erkenntnissen. BERKANA (Nahrung, Geburt neuer Ideen, Selbstliebe) ermöglicht ihr die Achtsamkeit, bei allem Drumherum auf sich zu achten und sich auf allen Ebenen selbst zu nähren. Dank BERKANA kennt sie den rechten Zeitpunkt für Worte oder Schweigen. Aus dieser Balance zwischen Handeln und Ruhen heraus ist sie mit der Unterstützung von BERKANA in der Lage, neue Ideen entstehen zu lassen und sie zu nähren, bis sie reif sind und umgesetzt werden können.
Stabilität entsteht in ihrem Leben durch die Zusammenarbeit der beiden Runen RAIDHO (richtige Aktion zur rechten Zeit, Verantwortlichkeit) und ISA (im Moment sein, Stillstand, Fokussierung auf einen Punkt). Diese klare und versorgende Energie, in Kombination mit dem Wissen um die richtigen Zeitpunkte für Aktionen, lässt Gabriele sehr harmonisch auf ihre Umwelt eingehen.

Die Kräfte in ihrem zweiten Namensteil unterstützen sie dabei, dieses Wissen zum Wohle der Menschen in ihrem Umfeld einzusetzen (2 x EHWAZ – heilsame Beziehungen). Beide EHWAZ-Runen werden von LAGUZ (mit dem Fluss des Lebens fließen) ergänzt. LAGUZ unterstützt sie dabei, alles Zwischenmenschliche dem Lebensfluss zu übergeben, und es fließen zu lassen, ganz ohne Kampf oder Härte.

Gabi (G *ab* i)
Der erste Teil des Namens baut die Energie auf:

GEBO	ausgeglichenes Geben und Nehmen, Einheit

Die Lebensachse/Mittelachse bringt die Stabilität:

ANSUZ	Kommunikation
BERKANA	Nahrung, Geburt neuer Ideen, Selbstliebe

Der zweite Teil des Namens bringt die Energie in die Welt:

ISA	im Moment sein, Stillstand, Fokussierung auf einen Punkt

Die Energie der Kurzform »Gabi« wird ebenfalls durch ein ausgeglichenes Geben und Nehmen (GEBO) aufgebaut, jedoch ohne die Unterstützung in der Kommunikation (ANSUZ). Die Kommunikation mit den Menschen, Tieren und Pflanzen (ANSUZ) sowie Nahrung, Geburt neuer Ideen und Selbstliebe

(BERKANA) sind die Bereiche, um die es im Leben von Gabi geht. Dadurch, dass diese beiden Runen in ihre Lebensachse rutschen, liefern sie ihr Stabilität. In diesem Fall sind sie nicht mehr nur für den Energieaufbau zuständig.

Bei der Kurzform »Gabi« fehlen jedoch die Runen RAIDHO, EHWAZ und LAGUZ, um die Energie zu verarbeiten. Hierdurch mangelt es Gabi an Unterstützung in den Bereichen »zur rechten Zeit das Richtige zu tun« (RAIDHO) und »Kontakt zu den Mitmenschen« (EHWAZ). Die aufgebaute Energie fließt auch nicht so leicht in ihr Leben, da ihr die Kraft der LAGUZ-Rune fehlt. Zusätzlich wird bei Gabi der Energiefluss oft durch die statische Eisenergie von ISA gebremst. Die Kraft fließt nicht automatisch ins Leben. Gabi ist zwar im Moment zentriert, es kann aber auch vorkommen, dass sie »vergisst«, sich in den Fluss des Lebens zu begeben.

Gaby (G *ab* y)
Bei Gaby steht die Rune JERA für Y.

Der erste Teil des Namens baut die Energie auf:
GEBO ausgeglichenes Geben und Nehmen, Einheit

Die Lebensachse/Mittelachse bringt die Stabilität:

ANSUZ	Kommunikation
BERKANA	Nahrung, Geburt neuer Ideen, Selbstliebe

Der zweite Teil des Namens bringt die Energie in die Welt:

JERA	natürliche Rhythmen und Zyklen

Gaby unterscheidet sich von Gabi durch die Art und Weise, wie letztlich die aufgebaute Energie ins Leben fließt. Anstatt ihre Energie von der Rune ISA zu erhalten, bekommt Gaby diese von JERA. Der Energieaufbau wiederum erfolgt wie bei Gabi. JERA (natürliche Rhythmen und Zyklen) entlässt, im Gegensatz zu ISA (im Moment sein, Stillstand, Fokussierung auf einen Punkt), diese aufgebaute Energie im Einklang mit den natürlichen Rhythmen und Zyklen ins Leben. Im Zusammenhang mit JERA ist es für Gaby wichtig, darauf zu achten, neue Ideen zur passenden Jahreszeit zu entwickeln. Energie dafür hat sie genug, nur die Sinnhaftigkeit der Umsetzung zum geplanten Zeitpunkt muss im Auge behalten werden. Es bringt nichts, wenn Gaby den Impuls verspürt, ein Tomatengewächshaus zu bauen und es bepflanzen zu wollen, während tiefster Winter herrscht. Jedenfalls nicht in Regionen, wo üblicherweise in dieser Jahreszeit mit sehr niedrigen Temperaturen gerechnet werden muss.

Betrachten wir Gabriele und ihre Kurzformen »Gabi« und »Gaby«, so fällt auf, dass Gabriele verstärkt in Verbindung mit ihrem menschlichen Umfeld agiert sowie gesunde und heilsame Beziehungen entwickelt (EHWAZ) und die dadurch aufgebaute Energie gut dem Lebensfluss übergeben kann. Gabi und Gaby fehlt diese Ausrichtung. Durch die beiden Runen ANSUZ (Kommunikation) und BERKANA (Nahrung, Geburt neuer Ideen, Selbstliebe) als Mittelachse liegt der Fokus bei ihnen mehr auf der eigenen Entwicklung und auf der Anbindung an die geistigen Reiche.

SCHLUSSWORT

Beim Betrachten der vielen unterschiedlichen Namen in Vorbereitung zu diesem Buch habe ich festgestellt, dass die meisten Vornamen im deutschsprachigen Raum eine gerade Anzahl an Buchstaben besitzen. Im Umkehrschluss bedeutet dies, dass fast jeder von uns zwei Mittelbuchstaben hat und somit zwei Kräfte, die uns helfen, die Energie im Leben stabil zu halten. Eine konkrete Erklärung dafür habe ich nicht gefunden. Feststeht auf jeden Fall, dass uns zwei Aspekte begleiten, sodass wir potenziell jeweils einen für die linke und einen für die rechte Seite unseres Namens zur Verfügung haben.
Ich bin mir darüber im Klaren, dass die Ausführungen zu den einzelnen Runen noch längst nicht deren ganzes Potenzial beschrieben haben. Andernfalls hätten die Beschreibungen den inhaltlichen Rahmen gesprengt. Dieses Buch soll dir aber erste Informationen zu dem Thema »Runen und Namen« geben und dir den Mut und die Neugierde schenken, dich tiefer für die Welt der Runen zu öffnen.
Ich wünsche mir, dass ich dich ausreichend nachdenklich gemacht habe hinsichtlich deines Namens, mit dem du durch dein Leben schreitest. Dass du diesen Namen, deine Schwingung, in seinem ganzen Potenzial, das du von deinen Vorfahren erhalten hast, mit Freude annehmen kannst. Und dass du sein möchtest, was du eigentlich schon lange bist.

DANKSAGUNG

Mein Dank geht an die Kräfte der Runen für ihre jahrelange Führung und Begleitung und an die Geistige Welt für den Auftrag zu diesem Buch. Bei dessen Erfüllung konnte ich neben viel Freude auch wieder neue Erkenntnisse gewinnen. Danke ebenfalls an Markus und Heidi Schirner für die Bereitschaft und Unterstützung, dieses kraftvolle Wissen wieder in die Welt zu bringen. Danke an Karin Garthaus als Lektorin für die bereichernde Arbeit: Mit dir macht mir die Arbeit richtig Spaß. Ebenfalls möchte ich Roland Scholz dafür danken, dass er so viel Energie in das aktive Runenleben steckte und mich auf den Weg brachte. Unsere Verbindung berührt immer wieder mein Herz.
Dieses Buch widme ich meinem langjährigen Lebenspartner Hans-Peter Thelen. Im Miteinander mit dir konnte ich mich entwickeln und fand den Mut zu unkonventionellen Wegen. Du warst für mich immer etwas Besonderes und wirst immer einen Platz in meinem Herzen haben.

Antara Reimann

QUELLENHINWEIS

Call of the Shaman	www.bridgethealingcentre.co.uk
Igor Warneck	»Ruf der Runen«, Schirner, 2. Auflage, 2002
Ralph Blum	»Runen«, Heinrich Hugendubel, 1985
Ralph Tegtmeier	»RUNEN – Alphabet der Erkenntnis«, Urania, 3. Auflage, 1997

BILDNACHWEIS

Bilder von der Bilddatenbank www.shutterstock.com:

Schmuckelemente: Runenkreis: # 155806418 (© Anne Mathiasz), Runenhintergrund: # 111813086 (© BMJ), Pergamenthintergrund: # 421251022 (© Andrius_Saz), Texturhintergrund Tabelle: S. 33, 34: # 504871465 (© Paladin12)

S. 5: # 622202816 (© Titus and Co), S. 25: # 160293290 (© Mykyta Voloshyn Voloh), S. 50: # 615528302 (© Bildagentur Zoonar GmbH), S. 53: # 521010781 (© Triff), S. 59: # 629455229 (© Leene), S. 65: # 482763691 (© Borys Vasylenko), S. 74: # 328752947 (© JZhpoto), S. 77: # 570105904 (© Nidvoray), S. 85: # 613874360 (© Roman Dombrowski), S. 94: # 6218884 (© Gabi Moisa), S. 99: # 93856384 (© LiliGraphie), S. 105: # 371274454 (© Jamen Percy), S. 111: # 478471576 (© Smileus), S. 112: # 520605988 (© Chursina Viktoriia), S. 132: # 482763703 (© Borys Vasylenko)

Weitere Bilder:

S. 108: Avebury Buchen (© Antara Reimann)

ÜBER DIE AUTORIN

Antara Reimann ist zertifizierte schamanische Heilerin nach den Richtlinien des »Shamanic Healing des Bridget Healing Centre« (T.C.O.T.S.), Glastonbury/Großbritannien sowie Heilerin im Dachverband »Geistiges Heilen e.V.« (DGH e.V.).

Ihre weitere Tätigkeit umfasst schamanische Beratungen und Behandlungen, unter anderem Energieausrichtung, Seelenrückholungen und Extraktionen sowie Rituale und Initiationen. Zudem ist sie seit dem Frühjahr 1994 Seminar- und Schwitzhüttenleiterin sowie Reiki-Meisterin/-Lehrerin nach dem System von Dr. Usui.

Neugierig auf die vielen Aspekte des Lebens folgte Antara Reimann der Spur ihrer geistigen Führung. Ihre Hingabe gilt dem schamanischen Weg. Den Anfang fand sie über die keltisch-germanischen Jahresfeste, die sie seit 1995 zelebriert.

Über den langjährigen Kontakt und die Freundschaft zu Angehörigen der Crow und Lakota in Montana/USA lernte sie die indianischen Zeremonien kennen und schätzen. Und durch ihre vielen Aufenthalte in der Bretagne, in Südengland und Schottland ist sie tief in den europäischen Schamanismus eingedrun-

gen. Seit mehr als 20 Jahren bereist sie die verschiedenen Regionen Südenglands, um dort an den Kraftorten mit dem Wissen der Vorfahren in Kontakt zu treten. Schon seit 2004 bietet sie darüber hinaus als Führerin mehrmals jährlich Reisen nach Südengland an.
»Think globally – act locally« ist eine ihrer Lebensregeln. Hier, im europäischen Teil unserer Mutter Erde, fühlt sie sich mit allem verbunden und verrichtet mit offenem Herzen und einer gehörigen Portion Humor die Aufgaben, die für sie vorgesehen sind.

www.lichtfocus.de
www.spur-der-schamanen.de

Weitere Titel der Autorin zum Thema »Runen«

Schirner Verlag

Antara Reimann & Roland Scholz
Runenorakel
im Einklang mit den Elementen
39 Karten mit Begleitbuch
ISBN 978-3-8434-9112-9

Antara Reimann
Runenrituale
für die alltägliche Praxis
144 Seiten
ISBN 978-3-8434-1356-5

ANTARA REIMANN
GLASTONBURY
Spirituell reisen
zu den Kraftorten
AVALONS

Antara Reimann | Michael Reimann
GLASTONBURY
Spirituell reisen
zu den Kraftorten
AVALONS
Verbindung zur Göttin

Antara Reimann | Michael Reimann
GLASTONBURY
Kraftplätze
der KELTEN
Spirituell reisen zu den
Kraftorten Avalons